商业模式的经济解释 II

| 典藏版 |

魏炜 朱武祥 林桂平 ／著

机械工业出版社
CHINA MACHINE PRESS

图书在版编目（CIP）数据

商业模式的经济解释：典藏版. II / 魏炜，朱武祥，林桂平著 . —北京：机械工业出版社，2024.1

ISBN 978-7-111-74909-7

I. ①商… II. ①魏… ②朱… ③林… III. ①商业模式 – 研究 IV. ① F71

中国国家版本馆 CIP 数据核字（2024）第 024617 号

机械工业出版社（北京市百万庄大街 22 号　邮政编码 100037）
策划编辑：孟宪勐　　责任编辑：孟宪勐
责任校对：樊钟英　　责任印制：郜　敏
三河市宏达印刷有限公司印刷
2024 年 7 月第 1 版第 1 次印刷
170mm×230mm·17.5 印张·3 插页·191 千字
标准书号：ISBN 978-7-111-74909-7
定价：99.00 元

电话服务　　　　　　　　网络服务
客服电话：010-88361066　　机　工　官　网：www.cmpbook.com
　　　　　010-88379833　　机　工　官　博：weibo.com/cmp1952
　　　　　010-68326294　　金　书　网：www.golden-book.com
封底无防伪标均为盗版　　机工教育服务网：www.cmpedu.com

再回首，商业模式探索之旅

2004 年一个偶然的机会，我们发现"商业模式"是一个可以令所有企业家兴奋的话题，从此开始了商业模式探索之旅。一开始，我们发现关于商业模式的概念和理论非常混乱，万般无奈之下采取了一个折中的处理办法：一方面，把当时能找到的 30 余个商业模式概念打印出来，放在办公桌旁，有事没事常念念；另一方面，直接寻找那些有趣的商业模式案例，然后把它们讲给周围的企业家听，以至于现在，几乎每天都有几个甚至十几个企业家要求见面交流。

持续且巨大的需求（过去 30 年，中国企业家对某个管理理论的持续关注时间，从来没有超过 3 年！）激励和逼迫我们不断思考：什么模式是好的商业模式，如何设计出一个好的商业模式？功夫不负有心人。两年多后的某一天，我们两人的脑中几乎同时跳出了一个非常有共鸣的"商业模式的定义"：利益相关者的交易结构！很快，"六要素商业模式"模型便诞生了。

非常幸运的是，2006 年年底我们又遇到了《创富志》的主编张信东。在他更高要求的"鞭策"下，我们连续七年一期都没落下地写出了诸多商业模式案例，总结并提炼出了各种商业模式理论所需要的构件。

理论建设是痛苦的。我们要学会"无中生有",建立自己最擅长的阵地。这既需要一整套逻辑一致的概念,又需要能对各种已知和未知的商业模式进行分类,还需要有分析、解释这些概念和分类之间"因果关系"的能力。尤其当我们发现,数百年前植物学家和动物学家就能把地球上数十万种物种妥妥地分类的时候,偶尔心中也会不由得觉得自己很渺小。但大部分时候,我们能想到的还是愚公移山的故事:只要不停地写,老天总会派人来帮你们这帮人的!

在写作过程中,我们发现商业模式是不分行业的。在一个行业可以成功的商业模式,放在另外一个行业照样可以创造辉煌。我们还发现,同一个行业也可以有很不一样的商业模式,甚至对战略管理中的一个定律进行猜想:一个行业最后仅会剩下三五家垄断型的大企业,本质上这几家企业的商业模式是否肯定是不一样的?

我们发现一家企业的商业模式是不断变化的,有渐变的,也有突变的。我们把渐变的叫作演化,把突变的叫作重构,并写了一本与《发现商业模式》同样畅销的《重构商业模式》。

我们还发现"技术"真的很需要"商业模式"的帮助。同样一项技术,可以在非常不一样的商业模式下运用,相应的企业绩效也许都很不错,但一定有一个能令企业价值最大化的商业模式。反过来,一个好的商业模式也可以引领技术的发展方向,就像美国的很多创新技术都是由商业模式引领的一样。

我们发现商业模式和企业战略是两个不同的概念:同一个商业模式可以用很不一样的战略来驾驭,同一个战略也可以用很不一样的商业模式来实现。我们发现任何组织都是有商业模式的:营利性公司有商业模式,慈善和公益等非营利组织有商业模式,政府组织也有商业模式,甚至个人都有商业模式。我们的《慈善的商业模式》一书，可能是世界上第一本讲公益组织商业模式的图书。

我们还发现同一个行业内，企业的商业模式可以不一样，它们之间同样存在竞争。不是"同物种"间的竞争，而是"不同物种"间的竞争，或由"不同物种"间的竞争演变为"同物种"间的竞争。

在写作过程中，我们还发现商业模式是一个全息结构，商业模式模型的每个要素——定位、业务系统、盈利模式、关键资源能力、企业价值都包含整体的完整信息。这也成了《商业模式的经济解释》一书的主题。当"商业生态"这个词开始流行的时候，我们又发现在商业生态系统（以焦点企业为中心的持续交易的利益相关者形成的聚合体）和商业模式之间还有一个非常重要的对象：共生体，即持续交易的利益相关者和其扮演的角色的集合。一个个相同或不同的共生体（生态系统）的实例组成了行业生态，不同的行业生态又组成了纷繁复杂的商业生态。

转了一大圈，我们发现原来商业模式可以像物理学、几何学和工程学一样来研究。例如，从事某个业务活动的主体是角色，角色类似于原子，共生体类似于分子，角色相同、角色的交易关系不同的共生体与分子中的同分异构体竟然是相同的！商业模式的三大定律、三大原理、六大定理也写在了2014年首次出版的《商业模式的经济解释Ⅱ》一书中！

在与众多专家、学者和企业交流商业模式的过程中，我们还发现很多差异化的商业模式都来源于盈利模式，也就是收支来源和收支方式的不同。以往我们对定价的认知仅仅是"由供需决定价格高低"这一个维度，现在我们突然发现从商业模式视角看价格，实际上还有另外三个维度：反映收支来源的定向、反映收支方式的定性、反映现金流结构的定时。这三个维度的确定取决于交易价值、交易成本和交易风险决定的价值增值，而并非取决于供需。当我们发现了收支来源和收支方式的完整理论后，中文版《透析盈利模式》就这样出版了。

众所周知，商业模式概念是从战略管理理论中分化出来的，战略、商业模式、共生体三者之间是什么关系？《超越战略：商业模式视角下的竞争优势构建》就试图回答这个问题。我们发现战略是站在企业边界做的决定企业竞争优势的选择，商业模式是站在商业生态系统边界做的决定企业竞争优势的选择，而共生体是站在行业生态系统群的视角做的决定企业竞争优势的选择！一旦看到了这样的图景，能全面、深度、透彻刻画和分析行业竞争格局的三度空间、能区分决策范围的焦点思维和格局思维等概念就产生了。基于此概念的企业（顶层）设计理论随之也能顺理成章地完善起来。

展望未来，一座宏大的商业模式建筑群已经冉冉升起……就在那里！

19年过去了，蓦然回首，身后的商业模式生态建设工地上早已灯火通明，四处立满了脚手架，主体也已建起了大半。令人欣喜的是，队伍中不但一个人也没落下，而且还增加了很多。向前看，更让人激动不已的是，已经有好几路队伍前来帮忙了！哈，曾经的海市蜃楼就要变成现实了，感恩！

魏炜

2023 年 11 月 1 日

系统化地设计商业模式

如果你是企业创始人，推荐你读这本书。而且你应该和团队一起读，一起来系统化地设计出更好的商业模式。

商业模式可以不依赖于商业直觉，由团队系统化地设计并且持续升级吗？这本书告诉你：可以。而且这本书还提出了方法论，不仅有定性的方法，比如设计商业模式的原理和原则，还有定量的方法。

定量方法，是这本书的第一大创造。这就是基于商业模式的"会计核算方法"以及基于商业生态圈的"财务分析方法"。过去的传统会计，由于基于工业时代的背景，更多是以"产品定价"为重点，用于商业模式设计则帮助不大。而魏朱团队创造的"商业模式的会计核算方法"，以"利益相关者"和"活动"为核心，其重点则是"交易定价"。交易定价是设计商业模式的关键，是商业模式落地的关键，所以这是非常了不起的事情。

如今大家都意识到商业模式的创新很重要，我们也曾建议一些企业成立"商业模式部"以专司其职，但得到的反馈往往是缺乏方法和工具。这些会计和财务工具的提出，将使企业"商业模式部"的工作大为改观。相信接下来的实践，会给我们带来更多令人兴奋的成果。

从 2006 年底魏炜、朱武祥两位教授在《创富志》上发表第一篇文章开始，八年间"魏朱商业模式理论"已由一株小苗成长为挺拔的大树，其成长的旅程充满惊喜。

一开始，魏朱只是提出观察"商业模式"所需要关注的六个要素，也就是定位、业务系统、关键资源能力、盈利模式、现金流结构、企业价值。《创富志》的编辑和研究团队也全力以赴，以这些要素为视角，在广阔的商业生态中搜寻，把丰富多彩的物种做成了数百个商业模式的案例标本，以作为理论研究的支持。这期间，魏朱确定了商业模式的定义：利益相关者的交易结构。2012 年，魏朱团队在《商业模式的经济解释》⊖一书中，提出了衡量商业模式的三个标准：交易价值是否增加、交易成本是否减少、交易风险是否降低。这使商业模式的设计有了标尺和内在逻辑。

本书则在这些努力的基础上，展开了一个设计商业模式的大背景：当你开始思考设计商业模式的时候，不应该只关注你自己企业的那些"利益相关者"，还要关注你的"利益相关者"的"利益相关者"。这样一层层展开，你的面前就展现出一大片以你为焦点的"商业生态圈"，这就是本书所说的"共生体"。这使你的视野，不仅囊括了你企业的商业模式，也囊括了你的利益相关者的商业模式。所有这些利益相关者及其交易结构的总和，就是你企业身处其中的商业世界，是其赖以生存的"商业模式共生体"。它的脉络和律动，因此而历历在目。这个共生体所能创造的价值如何？它的总体效率如何？你在共生体中处于何种位置？这些因素决定了你企业商业模式的效率如何，决定了你企业的未来回报，也决定了它值不

⊖ 该书于 2014 年 6 月获得第四届中国管理科学学会"管理科学奖"（学术类），祝贺魏朱团队。

值钱。

所以，你若要为企业设计商业模式，就离不开对你所处"共生体"的深入理解。你可以选择自己处在什么样的共生体之中，也可以重构这个共生体的结构——以便提高它的价值和效率，或改变你在其中的位置。

因此，基于共生体的商业模式设计新视角，是本书的第二大创造！本书的第三大创造，则是提出了"商业模式设计工程学"。

当魏炜院长第一次给我讲起可以用工程学的思维来设计商业模式时，我们是在微信上通话。他在美国西北大学设立了一个"商业模式研究中心"并进行短暂的闭关研究；而我则在深圳，正为如何帮助企业创始人将他们的商业模式落地而努力。我们为此而兴奋：如果以这样的方式，将工作一一分解，商业模式的设计，就可以通过团队的分工协作来完成。

在"商业模式设计工程学"的论述中，魏朱团队提出了三个原理：同样的资源能力被不同的利益主体拥有，机会成本不同；利益主体以不同的方式交易时，价值增值不同；以同样的方式，交易"交易对象"的不同属性时，价值增值不同。围绕这三个原理，本书又提出了一系列设计的原则和工具，使商业模式设计有依据、有途径、有方法，更加系统化。借助由这些原理、原则和工具组成的设计工程学方法论体系，企业团队可以通过分工协作，更好地设计和提升自身的商业模式。

共生体视角、商业模式设计工程学、定量分析各项活动的价值和成本，三大创造结合到一起，就构成了商业模式设计的闭环。因此，本书框架的重点，是要为设计商业模式而服务。本书打破了单个企业的边界，将"会计核算"的视角延展到整个"共生体"。当你制作你的"共生体利润表"时，在同一张报表中，不仅包含你一家企业的收入、成本、费用、利润等，也包含许多家你的"利益相关者"的这些数据。这让你一目了然，可以看出其间的逻辑关系，并做出决策。

在另一张表格上，"活动"被一级级拆分，拆分后的每项活动所消耗资源的属性，都被一一呈现出来：它是交易成本还是货币成本？是固定成本还是变动成本？如果是变动成本的话，驱使其变动的主要因素是什么？这样细细分析，可以判断每一项活动，对拥有不同资源组合的"利益相关者"来说，它能提供的贡献如何，机会成本如何，这些量化的依据，对设计和重构商业模式来说，非常直接、实用。

我们已经进入了设计商业模式的大时代。那些新崛起的企业，往往不是技术上的成功，而是商业模式的成功。感谢魏朱团队，不断创造出更棒的商业模式设计方法和工具，让有使命感的创始人掌握它们，去创造奇迹，改变世界。

张信东

《创富志》杂志出版人

2014 年 10 月 27 日

打造"魏朱模式"升级版

　　魏炜、朱武祥、林桂平的《商业模式的经济解释 II 》打造了魏朱商业模式升级版——"模式 2.0"。该书包含了大量的新概念、新思想和新方法，拓展了商业模式理论的一个新空间，提出了商业模式共生体概念。通过共生体中的焦点企业和其利益相关者的成本、资源和收益进行交换或比较，求得了商业模式优化的路径。它不仅在理论上有重大突破，而且又将理论通过会计核算与财务分析落地，让企业家易于把握和运用，是继打开企业边界后，对与利益相关者交易（而非简单的交换）的商业模式的升级讨论。该书从共生体角度出发，核算了各个利益相关者"活动"环节的往来，找到了财务解决方案，推进了商业模式的实际运用。

　　该书首先以一个 DG 公司从一个简单工厂第一步打开边界，与利益相关者合作升级到一个服务业，再从服务体系扩展到最大利益相关者体系，构成了其核心概念"共生体"，即焦点企业的商业模式与其利益相关者的商业模式总和。简单一点可分两步来认识，即打开边界后焦点企业和其利益相关者体系，形成商业模式；第二步从商业模式角度理解不同商业模式下，利益相关者利用资源效率和潜在共同体边界，发现利益相关者边界和资源利用效率是随着商业模式的变化而拓展。这一点可以从 DG 公司的模式升级上看出。原有的利益相关者较少，而模式升级后利益相关者边界扩展了，因此共生体的边界和资源利用效率属性与商业模式相关。

有了共生体后，商业模式理论往下拓展，依据传统价值链中的"活动"，定义了商业模式中的"活动"。传统价值链提取的"活动"，主要是衡量"活动"的比较优势，选择具有核心优势的"活动"作为企业的核心，而其他非优势"互动"则进行"外包"。这是继专业化革命后的另一个适应全球化分工体系的革命性创新活动，即打开公司价值链，构造全球价值网络。比如，耐克打开自己工厂的价值链，构造了全价值链的生产体系，从"人、财、物、产、供、销"全价值链中解放出来，专注"品牌"和"设计"，工厂在全世界进行外包，参与者众多，有生产、销售等各类相关参与价值链的生产者，地域是全球化的，主体企业专注于创新和提升品牌，这就是全球价值网所刻画的理论，当前加入了更多的产品复杂性理论等，但基本结构并无太大变化。这一理论中包括了著名的微笑曲线理论等，呈现企业价值链的分解过程，即一个企业只应该做自己最具有核心竞争力的部分，这一理论讨论的是企业边界收缩，即专业化到核心化过程，这是纵向切割方式，是公司理论在一个维度的延伸和创新。

而魏朱商业模式理论则通过共生体构造，依然以价值链中的各个环节为活动单元进行横向联系分析，看共生体在交易过程中的收益、损耗和风险匹配，从而重新度量共生体的优化和新拓扑形态，并提出了三大定律论证了商业模式存在对优化成本、提高效率的意义。定律一：在无耗散的共生体内，企业采取不同的商业模式，共生体的效率无差异；定律二：在有耗散的共生体内，企业采取不同的商业模式，共生体的效率不同；定律三：在有耗散的共生体内，企业选择某个最高效率的初始商业模式，就可能优于其他商业模式通过改变而实现的效率改善。前两条论证了商业模式设计存在的必要性，最后一条则论证了商业模式设计的路径依赖特征。将"活动"引入商业模式共生体中，一下子为我们深化讨论商业模式提供了理性的工具。特别是网络时代，企业的网络连接构造是一个横向问题，因此从横向连接中引入"活动"，依此展开商业模式讨论，这是一个全新的公司理论的视野。

用"活动"来分析共生体企业间横向连接关系和机制，从而可以全面度量共生体的耗散成本和收益边界，进而形成一个基于共生体的会计核算，为商业模式的改进提供了有力工具。商业模式会计包含：① 活动中心；② 利益主体，活动、资源；③ 活动和资源的识别，讨论哪些活动需要哪些资源，资源的消耗归结于哪些利益主体等，在不改变原有的财务核算体系下，重新进行核算，比较活动中资源消耗和效率，更为本质地揭示了产品直接成本和间接成本的结构，找出了公司理论中交易成本所在。

在核算的基础上提出了财务讨论，利用杜邦分析法，讨论了模式不一样，财务指标含义不一样，关键财务指标在各类商业模式中的分布不同，从而解决了不同商业模式下的不同企业财务指标无法比较的问题。这样就为不同共生体下的企业比较提供了新的分析工具，从而得出了共生体效率和焦点企业效率二维图示，即右上角（双效率提高）最好，左下角改进。如焦点企业提高效率可以改善管理，改善战略，改善焦点企业模式；共生体则通过新的主体介入，提升利益相关者的效率能力，改善利益相关者的连接、协调机制等，提升共生体的商业模式效率边界；通过财务分析确认出共生体中焦点企业和共生体中所有利益主体商业模式总和中的关键问题，加以改进，降低耗散成本，提升整体效率。

在共生体讨论的同时也引入了商业生态问题，将动态理论引入，探索了外部资源能力禀赋发生变化，技术变化导致效率提高，新产品、新企业导致重新链接，即当资源积累时会产生冗余，新的冗余导致共生体向新的共生体演进的机制。

该书不愧为商业模式研究的升级版，其讨论的共生体理论和商业模式演化的动态机制，以及与传统商业理论中的会计和财务连贯性方面都是全新的，需要花大量时间理解。本序言只是对魏朱商业模式理论 2.0 版本做一个理解性介绍。本书更多丰富的营养，更期望读者直接通过仔细的、深度的阅读去汲取。

张平　教授

中国社会科学院经济所原副所长

《经济研究》原副主编

CONTENTS · 目录

总　序　再回首，商业模式探索之旅

推荐序一　系统化地设计商业模式

推荐序二　打造"魏朱模式"升级版

第1章　共生体
　　　　概念、评价标准和三大定律 ┊ 1

1.1　共生体：焦点企业的商业模式与其利益相关者的商业模式的
　　　总和 ┊ 3

1.2　共生体视角对商业模式创新的思维拓展 ┊ 8

1.3　共生体的三个切割、重组与三大评价标准 ┊ 15

1.4　总结：共生体的三大定律 ┊ 21

第2章　基于共生体的商业模式设计 ┊ 26

2.1　培训机构的传统学校模式 ┊ 26

2.2　培训机构的授权模式 ┊ 33

2.3　基于共生体的商业模式设计：培训机构的单边平台模式 ┊ 37

2.4　某家电制造企业社区店的商业模式设计：家电渠道的过去、
　　　现在和未来 ┊ 42

第 3 章　商业模式设计工程学原理一

　　同样的资源能力被不同利益主体拥有时机会成本不同 ｜ 50

3.1 资源能力与利益主体的搭配：从中非光伏基金的交易结构

　　搭建说起 ｜ 51

3.2 抉择收入、抉择成本与机会成本 ｜ 55

3.3 资源能力被不同利益主体拥有时为什么机会成本不同 ｜ 58

3.4 新交易理论：交换、交易与机会成本、交易定价 ｜ 63

3.5 资源能力与利益主体配对的设计工具 ｜ 65

第 4 章　商业模式设计工程学原理二

　　利益主体以不同方式交易时，价值增值不同 ｜ 67

4.1 价值增值与交易方式 ｜ 69

4.2 交易方式之满足方式 ｜ 71

4.3 交易方式之构型 ｜ 72

4.4 交易方式之角色 ｜ 78

4.5 交易方式之关系 ｜ 79

4.6 交易方式之收支来源 ｜ 81

4.7 交易方式之收支方式 ｜ 83

4.8 交易方式之现金流结构 ｜ 84

4.9 交易方式的延伸问题：切割重组、抉择收益等 ｜ 85

第 5 章　商业模式设计工程学原理三

　　以同样方式交易交易对象的不同属性，价值增值不同 ｜ 88

5.1 属性如何创造价值空间：从客户全生命周期到属性创造性定价 ｜ 90

5.2 何谓交易：新交易理论下看交易属性 ｜ 94

5.3 属性如何碎片化：静态的组成部分、部分之间关系、对其他人的

　　价值等；动态的潜在与显现、存量与流量等 ｜ 99

5.4 属性间如何聚合：叠加、伴生、互补、乘数、指数等 ｜ 104

5.5　归属关系与利益诉求：属性的缩减、延展与剩余分配　┆　107

第 6 章　商业模式设计工程学设计规则　┆　112

6.1　设计规则一：通过增减利益主体可以实现不一样的价值增值　┆　113

6.2　设计规则二：通过增减利益主体的资源能力可以实现不一样的
　　　价值增值　┆　116

6.3　设计规则三：通过分割重组利益主体和其资源能力可以实现
　　　不一样的价值增值　┆　118

6.4　设计规则四：通过以不同交易方式重新配置利益主体拥有的
　　　资源能力可以产生不一样的价值增值　┆　121

6.5　设计规则五：通过充分利用利益主体的存量资源能力，而非
　　　从零开始构建资源能力组合，其价值增值更大　┆　124

6.6　设计规则六：把更多剩余收益配置给对结果影响大的利益主体，
　　　其价值增值更大　┆　127

6.7　总结：使利益主体、资源能力各得其所　┆　134

第 7 章　基于商业模式的会计核算　┆　136

7.1　商业模式构建、实施和重构：如何进行交易定价？需确定统一的
　　　会计核算体系！　┆　137

7.2　基于活动的动因分析、会计核算　┆　141

7.3　商业模式会计：从共生体出发的步骤与实例　┆　149

7.4　商业模式会计的应用场景　┆　164

第 8 章　基于共生体视角的财务分析
　　　　以零售行业为例　┆　171

8.1　从通行的财务指标和商业模式描述，可以看到什么：需要构建
　　　共生体视角！　┆　172

8.2　共生体财务分析四步法　┆　177

8.3 "共生体强"与"焦点企业强"的背离：商业模式的内生动力与
演化路径 ┊ 206

8.4 如何改进商业模式：商业模式二维比较模型 ┊ 210

第 9 章 单边平台模式 ┊ 217

9.1 国际贸易的单边平台：香港利丰 ┊ 218

9.2 创造新的规模经济与范围经济：单边平台的平台企业与业务
自主体 ┊ 220

9.3 切割、重组与交易价值、交易成本、交易风险 ┊ 225

9.4 单边平台的定价、辨析与适用范围 ┊ 231

9.5 单边平台设计步骤 ┊ 234

附录 A 基于交易结构的商业模式构成要素 ┊ 237

参考文献 ┊ 258

第 1 章

共生体

概念、评价标准和三大定律

———

DG 公司生产滴灌设备，可为农户提供增产、节水、节省人工、节约肥料等价值。DG 公司采取经销模式，通过经销商将滴灌设备卖给农户，并提供技术服务（见图 1-1）。

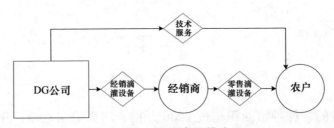

图 1-1　DG 公司商业模式 1.0

DG 公司在研发设计、产品质量、售后服务等方面处于行业领先，但并没有转化为商业模式上的有效优势，在市场上举步维艰，主要体现在以下两个方面。

首先，很多小滴灌公司虽然产品质量不如 DG 公司，但由于不做研发设计，也不提供技术服务，有成本优势，可以跟后者打价格战。

其次，DG 公司面向种植面积广阔的大田作物（水稻、小麦等），解决了很多干旱地区缺水条件下的种植难题，其节水效果获得了社会的广泛认可。但大田作物每亩地收入仅为 1000 多元，增产产值为几百元，而 DG 公司的滴灌设备每年折旧价格为 300 元，对农户而言，经济价值创造吸引力不大。

后来，DG 公司在 H 省探索出了一个新的商业模式（见图 1-2）。

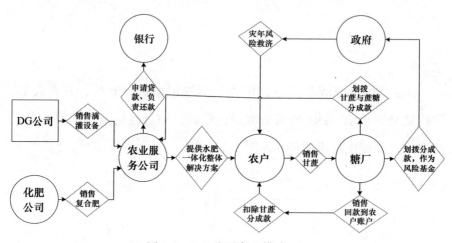

图 1-2　DG 公司商业模式 2.0

H 省的甘蔗种植面积超过 1000 万亩，均供给当地糖厂用以工业榨糖。农户均为分区域责任，其产出已被当地政府指定给某个糖厂定向收购。糖厂和农户在银行开设联合账户，每年耕种期，糖厂给农户提供部分生产资料；每年收割期，糖厂收购甘蔗，扣除生产资料费用，余款打到农户账户。白糖为国家战略物资，糖价在稳定中有所上升，甘蔗种植已成为当地经济支柱。

DG 公司和某化肥公司合作成立一家农业服务公司，和农户、糖厂等签订定向服务合同，整合土地，为农户提供水肥一体化整体解决方案。农户享用定向服务并不需要先期资金投入购买方案；水肥一体化能够提高甘蔗产量，增产部分产值超过 1500 元，由农户、农业服务公司和糖厂三家分成。

为了降低资金压力，农业服务公司以甘蔗收成为抵押（糖厂担保）向银行贷款解决先期资金投入。此外，农业有各种天然灾害，政府组织农业服务公司、糖厂等（获得部分分成款），成立风险基金，以保证农户在最差的年景也有保底收入。

从模式 1.0 到 2.0，DG 公司的商业模式从销售滴灌设备转型为介入部分种植环节的农业服务提供商（通过设立项目实体农业服务公司来实现）。商业模式创新思维的突破，关键在于视角的拓展——从商业模式视角拓展到共生体视角！

1.1　共生体

焦点企业的商业模式与其利益相关者的商业模式的总和

跟模式 1.0 相比，模式 2.0 引入了糖厂、政府、银行等利益相关者，表面上拓展了利益相关者的范畴。但实际上，模式 1.0 也可以表示为图 1-3（仍为 H 省甘蔗商业生态）。

在图 1-3 的商业生态中，模式 1.0 和模式 2.0 的利益相关者总集、活动系统总集其实是一样的。之所以在图 1-1 中没有画出来，是因为之前 DG 公司的商业模式视野只关注到滴灌设备的销售，而没有考虑到种植环节带来的价值，也就是说，种植环节的活动系统和利益相关者对模式 1.0 中的 DG 公司而言不需要研究。但从模式 1.0 进化到模式 2.0，将利益相关者的交易活动拓展到种植环节就很有必要了。如果从一开始就把模式 1.0 表示为图 1-3 的业务系统，则创新为模式 2.0 将更有可能。

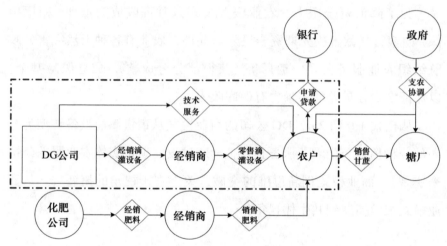

图 1-3　DG 公司商业模式 1.0（H 省甘蔗商业生态）

我们可以把图 1-3 中虚线框内的交易结构称为 DG 公司的商业模式，而把图画整体称为共生体。

概念 1

商业模式，是焦点企业与其利益相关者的交易结构。

为了拓展研究、创新商业模式，往往需要把利益相关者自身的商业模式也表现出来（例如，农户的商业模式也体现在图 1-3 中）。体现在交易结构中，表现的就不仅仅是焦点企业与其利益相关者，还涉及利益相关者的利益相关者。例如，客户的客户、供应商的供应商、供

应商的竞争对手等。此外，具备独立投入产出、独立利益诉求、独立
权利配置的内部利益相关者，如物流、信息平台、支付平台等也要列
入共生体的研究范畴。这个边界要扩展到哪一级并无统一规定，视创
新视野而定。这个交易结构的总和，显然不止体现了焦点企业的商业
模式，还体现了利益相关者的部分商业模式。因此，我们有：

概念 2

**共生体，俗称生态圈，是焦点企业的商业模式及其利益相关者的商业
模式的总和。**

　　共生体的边界可以随着商业模式创新的视野而不断拓展。如图 1-4
所示，最里面的实线圈是 DG 公司模式 1.0 所关注到的共生体边界，
只涉及 DG 公司与其利益相关者，即经销商和农户。而中间的点横
线圆圈表示的共生体则已经扩展到化肥公司、银行、糖厂等。从共
生体拓展的视角，可以找寻到 DG 公司商业模式创新的方向。从模
式 1.0 创新到模式 2.0 正沿着这个思路。当然，共生体的边界还可
以进一步延伸到化肥公司、银行、糖厂等利益相关者的利益相关者，
也就是图 1-4 最外围一圈。共生体的外延是动态界定的，很大程度
上取决于商业模式创新目标，例如，DG 公司的创新目标主要在设
备的销售拓展，因此较少涉及对零部件供应商的分析[⊖]。而如果瓶颈
在于零部件供应商，则共生体的外延将有所不同。故而，在共生体
中涉及具体利益相关者的商业模式时，一般只分析跟焦点企业有联
系的部分（与焦点企业存在直接交易、间接交易和有可能的交易），

　　⊖　这里忽略"通过零部件供应商去拓展设备销售"的商业模式创新思路。

是利益相关者的"部分"商业模式。

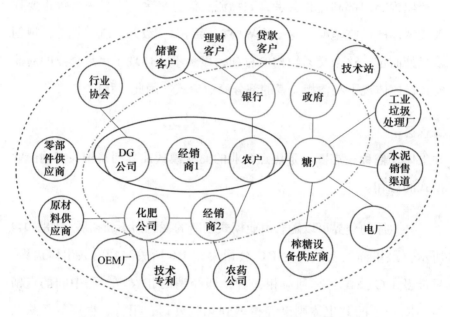

图 1-4　利益相关者集合范畴：边界不断拓展的共生体

注：活动系统也有类似界定，为了简化示意图，这里略去活动系统。余同。

概念 3

商业生态，是焦点企业的共生体及其竞争对手（包括同产品和替代产品）、合作伙伴、上下游等利益相关者的共生体的总和。

除了（焦点企业的）商业模式和共生体，我们还经常谈论另外一个概念：商业生态。从本质上讲，（焦点企业的）商业模式、共生体和商业生态是三个层层拓展的概念。商业模式包括焦点企业、利益相关者及其活动系统。如图 1-5 所示，DG 公司模式 1.0 包括的利益相关者有 DG 公司、经销商和农户。

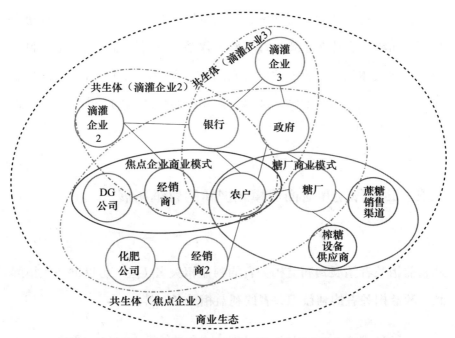

图 1-5 利益相关者集合范畴：商业模式、共生体与商业生态

共生体在焦点企业的商业模式之外，还包括利益相关者的部分商业模式（与焦点企业的直接交易、间接交易和有可能的交易），是商业模式的集合。如图 1-5 所示，在 H 省 DG 公司的共生体中，除了 DG 公司、经销商和农户之外，还包括银行、糖厂、政府、化肥公司等。其中，各个利益相关者也有自己的商业模式，例如糖厂的商业模式包括农户、榨糖设备供应商、蔗糖销售渠道等利益相关者，DG 公司的共生体中跟糖厂相关的主要是农户，因此是糖厂的部分商业模式。

商业生态在焦点企业的共生体之外，还包括同产品竞争对手、替代产品竞争对手、行业上下游等利益相关者的共生体，因此是共生体的集合。例如，图 1-5 中，除了 DG 公司，滴灌企业 2 通过经销商销售设备给农户，并向银行融资，其共生体包括银行、经销商、种植农户等；而滴灌企业 3 主要通过政府工程销售设备，银行有配套项目融资，其共生体包括银行、政府、农户等。那么，包括 DG 公司的共生体、滴灌企业 2 的共生体、滴灌企业 3 的共生体等的总集，我们称之为商业生态。

1.2　共生体视角对商业模式创新的思维拓展

拓展一

从利益相关者拓展到利益相关者的利益相关者（甚至可以进一步拓展到"利益相关者的利益相关者的利益相关者"等）。

同样是模式 1.0，但图 1-3 的共生体视角让我们把商业模式创新的思路拓展到客户的客户、供应商的供应商、客户的合作伙伴等，为模式 2.0 的创新打下了基础（见图 1-6）。

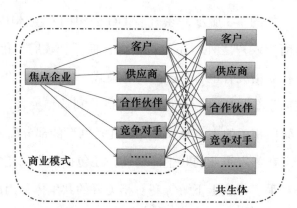

图 1-6　利益相关者视野的拓展（从商业模式到共生体）

拓展二

从现有产业链纵向价值链、横向活动链拓展到整个商业生态，并可将环节切割重组，组建成新的利益相关者（见图 1-7、图 1-8、拓展四）。

图 1-7 商业模式视角的产业链（DG 公司滴灌设备的横向活动链）

图 1-8 共生体视角的商业生态（虚线框为模式 1.0 中 DG 公司的横向活动链）

拓展三

从现有价值空间拓展到整个商业生态的价值空间。

如图 1-9 所示，一个共生体为所涉及的利益相关者创造了交易价值，并付出一定的交易成本（针对交易过程所产生的成本），两者之间的差为交易结构的价值空间；除了交易成本，焦点企业和利益相关者都需要付出货币成本（针对交易对象所产生的成本），比如原材料采购成本等，价值空间减去货币成本就是商业模式为所有利益相关者所实现的价值增值，其组成为焦点企业剩余（也就是焦点企业的企业价值）加上利益相关者剩余。

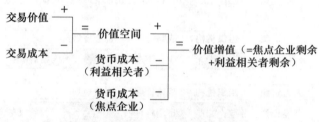

图 1-9　价值空间与价值增值

模式 1.0 中，DG 公司的收入主要来源于设备的销售，而设备的定价取决于 DG 公司的成本和给农户带来的价值。前者决定 DG 公司是否盈利，后者则决定 DG 公司能否从农户的价值中切割多一些作为盈利。将视角拓展到共生体，DG 公司可以了解到农户从设备中得到的价值，掌握能使企业正常盈利的定价范围。

如果从整个共生体的视角看，则 DG 公司及农户、糖厂等所能得到的收入总和（价值增值）为农产品最终销售价值（*农产品销售总价值 = 零售单价 × 产量 × 种植面积*）减去农业原材料、农业制造、种植、加工、销售等过程中的交易成本和货币成本，而这也是 DG 公司所能获取到的企业价值上限。

这就意味着，DG 公司要实现企业价值最大化，可以从提升交易价值（提高零售单价、产量或种植面积，后文将看到，从模式 2.0 升级到 3.0 和 4.0，种植面积的规模都有一个质的飞跃），减少交易成本，减少货币成本（农业原材料、农业制造、种植人工等）三个方向去努力。如果有些创新思路会同时提高交易价值、交易成本、货币成本，则要对比三者的差（价值增值＝交易价值－交易成本－货币成本）。在后文 DG 公司商业模式持续创新实践中，交易价值、交易成本、货币成本都在增加，但交易价值的提升大大超过交易成本和货币成本的增加，在价值增值上实现了净增长。

拓展四

从现有利益相关者总集拓展到新设定利益相关者。

通过模式 2.0，DG 公司实现了近万亩的销售面积。经过一段时间的实践，DG 公司发现，模式 2.0 固然可以获得更多的增产收益分成，跟农户的利益绑定也更为紧密，但随着农户的规模增长，与之谈判、执行交易的成本增长很快。考虑到每个农户的种植面积为几亩，DG 公司如果要完成十万亩、上百万亩的种植面积，需要跟几万、几十万的农户打交道，这将是一个难以实现的目标。

于是，DG 公司进一步重构商业模式，如图 1-10 所示。

模式 3.0 中，DG 公司做了两方面的切割、重组。

第一，把农业种植分切为两个环节：管理和劳作。田间管理由具备大规模种植经验的 ×× 公司负责，制定和监督实施种植标准。劳作则雇用已经流转土地的农户。按照以往经验，100 亩为一个劳作单元，1000 亩为一个管理单元，大大扩大可服务种植面积的规模。

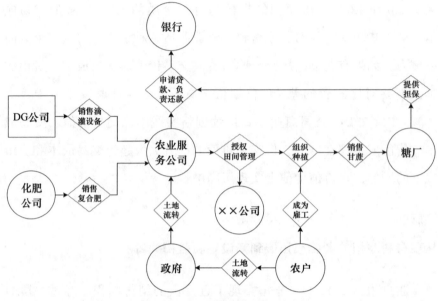

图 1-10　DG 公司商业模式 3.0

　　第二，把种植权利零散的土地整合升级为土地流转，并且是两级流转：农户把土地流转给政府，政府再把土地流转给农业服务公司。

　　农户获得两部分收入：土地流转租金和种植工资。光土地流转租金就足以超过以前自己种植的收益。

　　模式 3.0 克服了模式 2.0 种植权利分散、与农户交易成本太高的缺点，通过把种植切割重组，实现了更高程度的规模经济，使共生体的价值增值得到进一步提升。

　　对比模式 3.0 和模式 2.0 的利益相关者总集，模式 3.0 增加了 ××公司这个利益相关者。这个利益相关者的出现是商业模式变革的必然选择：农业分散化种植没有规模经济，划分为大规模管理和小范围劳作，有利于提升整个共生体的效率，客观上需要有能力负责大规模种植田间管理的利益相关者。而 ×× 公司有大规模种植的经验，且和 DG 公司有过合作，是最合适的选择对象。引入 ×× 公司，也使 DG 公司与农业服务公司的利益绑定更为紧密和牢靠，实现多点利益控制。

拓展五

从单一追求规模、利润拓展到企业价值导向下交易价值、交易成本、交易风险的统一。

除了前面谈到的交易价值、交易成本，影响共生体价值的要素还有交易风险。

随着种植面积的规模扩张，DG 公司发现模式 3.0 存在如下交易风险：

第一，种植过程。由于是统一管理，对犁耙、开行等有一定的管理标准，但如果面积扩大，监督成本就会很高。

第二，收割过程。砍甘蔗如果不砍到底，会减少产量，还会给下期种植带来困难；甘蔗有可能被移到别人的甘蔗地；收割后运到糖厂过程中，甘蔗有可能被偷。

这两个风险随着种植面积的扩大会持续增加。

于是，DG 公司再一次重构了商业模式，如图 1-11 所示。

农业服务公司主要是做了两方面的创新：

第一，引入投资大户，把甘蔗地分割承包，各自区域风险自担。

第二，农业服务公司的职能转化为"组建基础设施网络、组建种植管理网络、组建农业服务网络"，换言之，农业服务公司变成一个农业商业地产开发商。

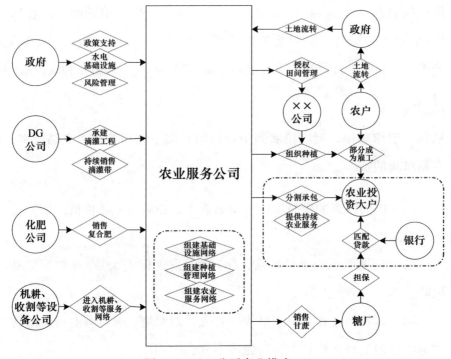

图 1-11 DG 公司商业模式 4.0

　　模式 4.0 中，农业服务公司的模式更加柔性化，把自己定位于一个农业共生体平台的建设者和运营者，其中的实施却交给各种利益相关者。虽然获得利益的比例有所下降（要分利给其他利益相关者），但可以容纳的利益相关者种类、每种利益相关者的规模、利益相关者的努力程度等都得到了提升，因此，农业服务公司的总企业价值是得到提升的。而随着农业服务公司可服务土地规模的扩展（模式 2.0：近万亩；模式 3.0：数万亩；模式 4.0：数十万亩、上百万亩），DG 公司的设备销售额也会持续上升。

　　模式 4.0 建立在前三个模式的基础上。模式 1.0 积累了市场品牌、制造规模、服务经验；升级到 2.0 后，初步构建了 H 省甘蔗的商业生态关系，和糖厂、政府、银行等利益相关者建立了交易关系，初期近万亩的种植面积证明滴灌可以实现增产，建立了区域市场的口碑；模式 3.0 引入了 ×× 公司，标准化管理流程的制定和实施，使 DG 公司和农业服务公司的规模远远甩开竞争对手，使森林式规模的商业生态初具雏形，也为后来引进投资大户提供了可供复制的成功操作范例；模式 4.0 引入农业投资大户，DG 公司和农业服务公司转型为森林式规模共生体平台的培育者、建设者，跟有能力参与运营商业生态的各种利益相关者共生共存，实现了商业生态的可持续发展，而焦点企业也收获了庞大的企业价值。

在 DG 公司商业模式演化过程中，技术设施、管理设施、设备设施三大设施背景发生了一定的变化，但由于不影响我们的分析过程和结果，出于研究的便利性，我们把设施背景变化和商业模式演化分开处理，在行文中假定这三大设施背景是一样的。但读者要注意，在不同设施背景下，即使是同样的利益相关者和活动系统总集，共生体的内涵和价值也会不同。

1.3 共生体的三个切割、重组与三大评价标准

共生体把视角从焦点企业与其利益相关者拓展到了整个商业生态，横向到整个活动价值链，纵向到整个产业价值链，视角更广阔、更宏观。同时，整个商业生态可以从三个角度进行切割、重组，操作更细致、更微观（见图 1-12）。

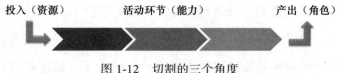

投入（资源）　　　　活动环节（能力）　　　　产出（角色）

图 1-12　切割的三个角度

任何活动环节都涉及投入、处理和产出。投入的是资源，处理过程反映了利益相关者的能力，产出的归属则定义了利益相关者的角色（包括功能、权利、资源能力等属性）。

这三部分都可以切割：分解投入，分切（纵切[⊖]、横切[⊜]）活动，分割产出。

在这里，对资源和能力做一个区分。资源指与投入相关的原材料、零部件等，是处理前的交易对象。能力指影响产出的、贯穿活动处理全过程的、利益相关者的某个属性。利益相关者的能力属性，我们一般用"高低"来评价。具体而言，又可以分为两个维度：一为能力的大小，同样的活动环节，利益相关者处理后的产出越大，能力越大；二为能力的稳定性，同样的活动环节，同个利益相关者，在不同时间段、不同环境下，处理后的产出方差越小，能力越稳定。

而这些切割出来的资源、能力、业务活动环节、管理活动环节、产出（角色）等又可以重新组合到新的利益相关者，这就实现了商业模式创新。

共生体是活动系统的集合，也是利益相关者的集合，共生体内利益相关者的商业模式不同，本质上是活动系统与利益相关者之间归属

⊖　指把活动系统切成一个一个的活动，例如图 1-12 中纵切为三个活动。

⊜　指每个活动又可以进一步切分为更细小的活动。

关系的差异。从活动系统角度看共生体（或商业模式），与从利益相关者看共生体（或商业模式），是同个问题的不同解读视角。

不妨以业务活动环节为例，看从模式 1.0、2.0、3.0 一直到模式 4.0 的比较（见图 1-13 ～图 1-16 ）。

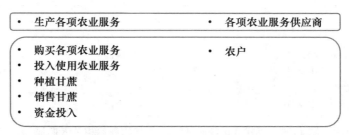

图 1-13　模式 1.0 各业务活动环节的利益相关者归属

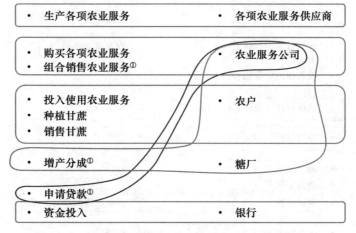

图 1-14　模式 2.0 各业务活动环节的利益相关者归属

①为对比模式 1.0 新切割出来的业务活动环节。 ⊖

⊖　这种切割，只是原有活动系统总集的新切分形式，在活动系统总集上并无区别。例如，申请贷款，与之前农户和糖厂共同负担农业生产资料的先期投入，是同样活动系统的不同表现形式。

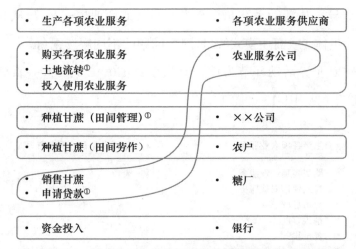

图 1-15   模式 3.0 各业务活动环节的利益相关者归属

①为对比模式 2.0 新切割出来的业务活动环节。

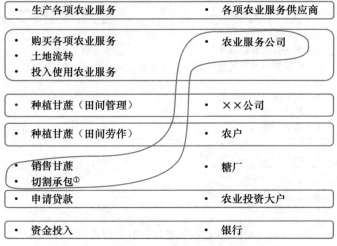

图 1-16   模式 4.0 各业务活动环节的利益相关者归属

①为对比模式 3.0 新切割出来的业务活动环节。

利益相关者的活动环节归属表还可以用下面更为直观的表 1-1 来表示（其中，第一列为活动环节的切割，而从第二列开始，每一列都是重组后的新利益相关者）。

表 1-1　活动环节与利益相关者的切割重组

活动环节＼利益相关者	利益相关者 1	利益相关者 2	利益相关者 3	利益相关者 4	利益相关者 5	……
活动环节 1				▓		
活动环节 2			▓			
活动环节 3	▓					
活动环节 4						
活动环节 5					▓	
活动环节 6		▓				
活动环节 7						
活动环节 8			▓			
……						

其他（如职能和资源能力）的切割、重组也可以采取类似的创新方式。

切割、重组的评价标准有三个：交易价值、交易成本和交易风险。对某个活动环节、职能和资源能力的切割、重组都要消耗一定的交易成本和交易风险，也将创造一定的交易价值。要使重组后的效率（综合考虑交易价值、交易成本和交易风险）超过切割以前。

DG 公司从模式 1.0 演化到模式 2.0，主要是交易价值的拓展，从设备销售延伸到种植环节的价值分成。

从模式 2.0 演化到模式 3.0，对种植按照业务活动环节分切为管理和劳作，按照管理活动分切为管理标准制定、标准执行和标准评估，并分割出新的利益相关者角色——××公司，负责田间管理、标准制定和标准评估，实现了更高程度的规模经济。

从模式 3.0 升级到模式 4.0，对种植按照资源分解为资金、种植劳力，按照管理活动分切为监督、田间种植，把资金和监督配置给农业投资大户，使其分区域承包，实现了三方面价值：首先，降低了模式 3.0 中的交易风险；其次，解决了先期资金投入过大的问题（与银行的交易风险）；最后，可服务种植面积的规模更进一步提升（从几万亩提升到几十万亩、上百万亩）。在切分一部分价值给农业投资大户之后，农业服务公司在单位种植面积上的盈利有所下降，但由于总种植面积的扩张，其企业总价值得到进一步提升。

因此，资源、能力、业务活动环节、管理活动环节、利益相关者角色的切割、重组，都要至少实现以下三个目标的一个：提升交易价值、减少交易成本、降低交易风险；并且，在交易价值、交易成本、交易风险的综合效应上要实现净增加。

以下是提升共生体价值增值的一些方法。

交易价值提升：增加利益相关者（iPhone 增加唱片、App Store 等），同类利益相关者规模做大（连锁、双边平台等），同类利益相关者需求做大（团购、整体解决方案等）……

交易成本减少：模块标准化、后台统一化、类似交易合并同类项、治理结构控制、资源能力控制等。

交易风险降低：化整为零（如从模式 3.0 到模式 4.0）、风险切割、风险转移、实物期权、盈利模式设计转化风险等。

而在财务上，还可以通过分析现有共生体交易价值、交易成本、交易风险的分解子项目，通过切割、重组，实现更高效率的共生体。

详细的交易价值提升、交易成本减少、交易风险降低和财务分析，将在后文陆续展开。

1.4 总结

共生体的三大定律

DG 公司从模式 2.0 演化到模式 3.0、模式 4.0，其利益相关者总集、活动系统总集都相对稳定，换言之，其共生体外延在商业模式整个演化过程中保持一致。那么，在演化过程中，共生体效率的变迁和对比能给我们什么启示呢？一般来说，关于共生体，我们有以下三大定律。

定律一

在无耗散的共生体内，企业采取不同的商业模式，共生体的效率无差异。

在共生体边界确定的情况下，如果每个交易过程中，价值都能够**等值地**从共生体的某个利益相关者（或某个活动系统）传递到共生体内的另外一个或几个利益相关者（或另外一个或几个活动系统），中间没有价值减值，我们称该共生体为无耗散的，反之则为有耗散的。所谓不同的商业模式，指的是活动系统和利益相关者之间的归属关系发生了变化。

无耗散的共生体需要满足两个条件：第一，每个交易过程都要消耗交易成本，而所有交易过程中的交易成本都已经全部内化到共生体内某一个或几个活动系统和利益相关者中；第二，每个交易对象都包含多方面属性，而所有属性都已经被充分定价并交易，且交易过程满足第一个条件。

所谓不同的商业模式，指的是活动系统和利益相关者之间的归属关系发生了变化。共生体的效率由交易价值、交易成本和交易风险的综合结果给出。在无耗散的理想条件下，由于共生体定义了利益相关者集合的外延（同时也确定了资源、能力的外延），活动系统集合的外延，因此不同的商业模式只是划分活动系统和利益相关者之间的对应归属关系，共生体没有能力错位、权利配置错位、交易成本等内部价值耗散，考虑到共生体边界确定，跟外部没有价值交换，因此并不影响共生体本身的效率。

定律二

在有耗散的共生体内，企业采取不同的商业模式，共生体的效率不同。

共生体在两个方面将有可能产生耗散：第一，交易成本分成两部分，一部分内化到共生体内某一个或几个活动系统和利益相关者当中，另一部分产生了外部性，并没有传递到共生体内活动系统和利益相关者中，出现了价值损耗，后者不为零。第二，交易对象的多个属性中，某些属性没有被充分定价或者在交易过程中产生了外部性，出现了价值损耗。

在共生体边界确定、存在耗散的情况下，企业采取不同的商业模式，利益相关者之间的交易、切割重组等行为所产生的交易成本和交易风险不同，共生体内部的价值耗散也不同，导致共生体的效率差异。例如在模式 2.0 中，随着农户规模的扩大，农业服务公司与农户的交易成本呈指数增长，价值耗散增加。而当演化到模式 3.0 时，这种分散式交易被大规模种植田间管理、土地集中流转的集权式交易代替，价值耗散减少，共生体的效率因而得到提升。但是，模式 3.0 不能有效控制大规模种植所带来的偷甘蔗、分散监督等交易风险，继续进化到模式 4.0 后，降低了交易风险所带来的价值耗散，才进一步提升了共生体的效率。

　　故而，我们有与定律二等价的定律三。

定律三

在有耗散的共生体内，企业选择某个最高效率的初始商业模式，就可能优于其他商业模式通过改变而实现的效率改善。

　　商业模式改变是有成本的，企业对商业模式的完善设计和正确选择是有意义的。如果不同商业模式建立的耗散相等，那么，共生体的效率就取决于商业模式本身的交易价值大小和商业模式改变的耗散高低。任何商业模式的改变，都需要对活动系统、利益相关者进行切割、重组，耗散一定的价值，这种价值耗散不应该被忽略。如果一开始就选定某个最高效率的商业模式，由于避免了（切割、重组过程的）价值耗散，其效率将优于其他初始商业模式通过改变（演化或重构）而实现的效率。

　　即使现存的商业模式不合理，如果商业模式改变（切割、重组）的成本无限大，或改变的价值耗散增量大于交易价值增量，则没必要进行该项商业模式改变。更推进一步，如果共生体的总价值耗散超过交易价值，那么，除非有外部价值的输入，否则共生体将死寂，焦点企业与利益相关者的交易结构（商业模式）将走向崩溃。

商业模式改变的方式有切割、重组。具体而言，切割指的是分解资源投入，分切活动环节（业务活动、管理活动，纵切、横切）和分割产出（利益相关者角色）。重组指的是重新定义活动系统和利益相关者之间的归属关系。

商业模式改变的目标是至少满足以下三个条件中的一个：交易价值提升、交易成本减少、交易风险降低，且效率（交易价值、交易成本、交易风险的综合结果）更高。这也是商业模式创新的努力方向。

定律三无疑表明了商业模式设计的重要性。在商业模式设计和实施过程中，其初始条件是不同利益主体的资源能力禀赋。当不同利益主体把其资源能力禀赋参与到商业模式时，不同资源能力其积聚的过程和规模不同，形成不同利益主体下新的不同资源能力束。这些资源能力束将成为下一阶段商业模式设计和实施时点的新起点。同一时点的利益主体、资源能力束所形成的交易结构整体就是当时点的共生体全景，而不同时点的利益主体、资源能力束、共生体结合到一起，就是一个动态的商业模式演化图谱。当同一共生体中大量利益主体都通过商业模式演化时，其积聚的资源能力束得到加强，竞争地位得到提升，这就形成了整个社会的产业升级。所以，经济结构的升级、产业结构的升级，是微观交易结构中不同利益主体的资源能力束动态积聚在中观、宏观结构的反映。

在同个行业，存在多个不同的焦点企业，它们可以采取不同的商业模式，从而其共生体也不同，与之对应的最高效率商业模式也不同。这些焦点企业，由于商业模式彼此不同，在其所处的市场就形成了垄断力量；但是，它们的垄断都只是模式的垄断，而不是市场需求的垄断，这就给其他企业留下了创新的空间。因此，同个行业内出现很多彼此不同的商业模式，就其商业模式而言是垄断的，达到了最高效率；就其市场而言，又是彼此具备创新能力、良性竞争的。因此，我们把这种垄断称为"完美垄断"。

对传统的市场格局而言，完美垄断的出现无疑是颠覆性的。以往传统所讲的颠覆，是属于破坏性颠覆，指的是一个市场新进入者把传统在位者消灭。商业模式多样化独特性所带来的"完美垄断"，其颠覆是建设性的，而非破坏性的，其存在激活了市场创新力量，使其他市场竞争者不懈创新，共同把市场推向更高层次，是将商业模式效率和市场效率推向更高水平的颠覆。因此，我们又把完美垄断称为"建设性颠覆"（Consruptive=constructive+disruptive）。

第 2 章

基于共生体的商业模式设计

———

每过几年，家电渠道就会发生一次巨大的变革，在此过程中先后涌现出了一连串优秀的名字：国美、苏宁、格力、海尔、京东、天猫……某家电制造企业的社区店，是一个新的名字，在短短几年中崛起，已成为家电渠道中一股不可忽视的力量。该家电企业社区店崛起故事的背后，是一种商业模式设计新思维的胜利：基于共生体的商业模式设计。

为了更好地阐述这种设计思维，我们从培训机构的商业模式说起。

2.1 培训机构的传统学校模式

中国人多，一向爱学习；随着社会的发展，更需要学习。本能兴趣加上社会需求，因此，中国的培训机构自然多如牛毛。据不完全统计，以在职培训机构为例，其商业模式原型就不下于十种，至于原型之间排列组合的衍生商业模式更加不可胜数。

最传统的一种培训机构模式脱胎于学校。

培训机构模式 1.0（传统学校模式）：学校 A 拥有讲师、教授（固定性质的工资），学生按课程价格付费，学校 A 负责招生、教务管理等。

商业模式是利益相关者的交易结构，这个模式可以用如下的交易结构图表示，呈现了关键的利益相关者，以及它们之间的交易活动。其中，虚线框中的学校为焦点企业。

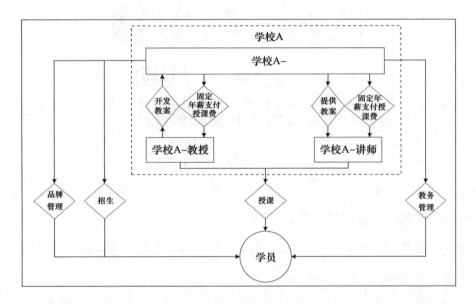

这个交易结构可以采取另外一种表达方式。

交易结构的要素包括交易主体（利益相关者）、活动以及活动背后的资源能力。简而言之，商业模式要回答几个问题：都有哪些利益相关者参与（主体）？它们都从事了哪些活动？要从事这些活动，需要具备哪些资源能力？相互之间如何交易？而这些问题，可以采取多个二维表格的方式呈现。

二维表格是标准的机器语言，换言之，如果我们能够把商业模式以二维表格呈现，那么不但意味着可以把商业模式设计拆解为多个步骤，分不同设计团队负责不同二维表格，而且可以引入计算机工具，提高设计效率，并弥补人脑有限逻辑的不足。

二维表格 2-1：主体与其所拥有的资源关系图

表 2-1　主体 / 资源关系图

	资源1	资源2	……	资源k
	属性	属性	……	属性
主体1				
主体2	主体与其所拥有资源的关联描述			
……				
主体m				

资源的属性包括对此类资源特征的描述。

主体与其所拥有资源之间关联关系在表 2-1 的每个方格中通过以下方式描述：

$$\frac{Level}{Owned}$$

其中：Owned 取值为 0 和 1，分别代表主体是否拥有此类资源（无 / 有），Level 表示主体对此类资源拥有或控制程度（定性描述，按高、中、低取值）。

以模式 1（传统学校模式）为例，其二维表格 2-1（阴影部分为焦点企业）可以表示为：

		师资资源	场地资源	学员资源	品牌资源	资金资源	教务资源	教工资源
学校 A	学校 A-		1/ 高	1/ 高	1/ 高	1/ 高	1/ 高	1/ 高
	讲师 – 学校 A	1/ 高			1/ 低			
	教授 – 学校 A	1/ 高			1/ 高			
学员	学员			1/ 高		1/ 高		

二维表格 2-2：活动与所需资源关系图

表 2-2　活动 / 资源关系图

	资源1	资源2	……	资源k
	属性	属性	……	属性
活动1 属性				
活动2 属性				
……				
……				
活动n 属性				

活动的属性用来具体描述此类活动的特征。

活动与所需资源关联关系在主表表 2-2 的每个方格中通过以下方式描述：

$$\frac{Input \quad Process \quad Output}{Required}, Capacity, Rank$$

其中，Required 取值为 0 和 1，分别表示此种活动是否需要此类资源（无 / 有）。Input、Process、Output 的取值也为 0 和 1，分别表示此类资源是否可以用于此种活动的输入、处理和输出。Capacity 表示此活动利用此类资源形成了某类能力（根据 Capacity 的取值分类，如销售能力等），Rank 表示活动所产生的此种能力的强弱程度（定性描述）。

以模式 1（传统学校模式）为例，其二维表格 2-2 可以表示为
（为了简略，这里仅表达 Required）：

	师资资源	场地资源	学员资源	品牌资源	资金资源	教务资源	教工资源
招生		1	1			1	1
教案开发	1				1		
授课	1	1		1		1	
教务管理		1	1	1	1	1	1
品牌管理	1	1	1	1	1	1	1

二维表格 2-3：主体与活动关联关系图

表 2-3　主体 / 活动关系图

	活动1	活动2	……	活动n
	属性	属性	……	属性
主体1				
主体2				
……				
主体m				

主体与活动之间关联关系在主表表 2-3 的每个方格中通过以下方
式描述：

$$\frac{Capacity \quad Rank}{Participated}$$

其中，Participated 取值为 0 和 1，分别表示此主体是否参与此种活
动（否 / 是）。Capacity 表示此主体参与此种活动中形成了某种能力（参
见表 2-2 的解释），Rank 表示所产生能力的强弱（参见表 2-2 的解释）。

以模式 1.0（传统学校模式）为例，其二维表格 2-3 可以表示为
（阴影部分为焦点企业）：

		招生	教案开发	授课	教务管理	学校品牌管理	学习能力
学校A	学校A-	招生能力，强 /1			教务管理能力，强 /1	品牌管理能力，强 /1	
	讲师 - 学校A		教案开发能力，中 /1	授课能力，强 /1			
	教授 - 学校A		教案开发能力，强 /1	授课能力，中 /1			
学员	学员						学习能力，中 /1

二维表格 2-4：主体间交易关系图（构型）

表 2-4 主体间交易关系图（构型）

表 2-4 表示了主体间的构型，具体每个主体与其他主体间的交易关系可以从右侧三角形表中描述，其中每个菱形框表示两个主体之间的交易关系。如上表阴影部分表示主体 2 与其他主体之间的交易关系，其中 r_{12}，r_{23}，$\cdots$，r_{2m} 等表示主体 2 与主体 1，主体 3，$\cdots$，主体 m 之间的交易关系。

主体间具体交易模式用下述方法描述：

$$\frac{T_1 T_2 T_3 T_4 T_5}{G}$$

其中，T_1 至 T_5 分别表示主体间交易方式的 5+1 个属性：①满足需求的方式；②收支来源；③收支方式；④现金流结构；⑤角色。每个属性均根据不同的内容加以定义（此处略）。G 表示主体之间的治理关系（具体内容略）。

根据需要，表 2-4 也可以与表 2-1 或表 2-3 结合统一表示。

以模式 1.0（传统学校模式）为例，其二维表格 2-4 可以表示为（阴影部分为焦点企业）：

		学校 A–	讲师 – 学校 A	教授 – 学校 A	学员
学校 A	学校 A–		定位：讲师根据学校 A 提供的讲义讲课，传统授课方式 / 收支方向：学校 A 支付讲师授课费 / 收支方式：学校 A 按固定年薪付费 / 现金流结构：学校 A 一次投资一次收入 / 角色：讲师的角色是授课 / 关系：内部利益主体，雇用关系（学校 A– 雇主，讲师 – 雇员）	定位：教授为学校 A 提供讲义并讲课，传统授课方式 / 角色：教授的角色是开发课程并授课 / 收支方向：学校 A 支付教授授课费 / 收支方式：学校 A 按固定年薪付费 / 现金流结构：学校 A 一次投资一次收入 / 关系：内部利益主体，雇用关系（学校 A– 雇主，教授 – 雇员）	学校 A 为学员提供求知的场所、教务管理等，满足学员学习知识的需求 / 角色：学习 / 学校向学员收取学费 / 学校 A 依照学员所选课程的科目以及科目数量收费 / 学校 A 多次投入多次产出 / 纯市场关系（服务提供商 – 学校 A，顾客 – 学员）
	讲师 – 学校 A			定位：教授为讲师提供讲义，满足讲师授课内容的需求 / 收支方向：无 / 收支方式：无 / 现金流结构：无 / 角色：讲师的角色是授课，教授的角色是教案开发 / 关系：内部利益主体	
	教授 – 学校 A				
学员	学员				

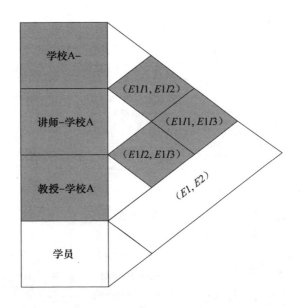

2.2　培训机构的授权模式

模式 1.0（传统学校模式）只是培训机构多个商业模式中的其中一个而已。事实上，我们可以随意再找出好几种培训机构的商业模式，并同样用这四个二维表格描述其商业模式。这里仅举其中一种——授权模式。

培训机构模式 2.0（授权模式）：学校 A（教授的部分活动独立到的一个新主体）仅从事教授的教案开发活动，其他活动仍在学校 B（焦点企业）进行。学校 B 根据学生参加课程的人数与 A 分成。

其交易结构图可以表示为：

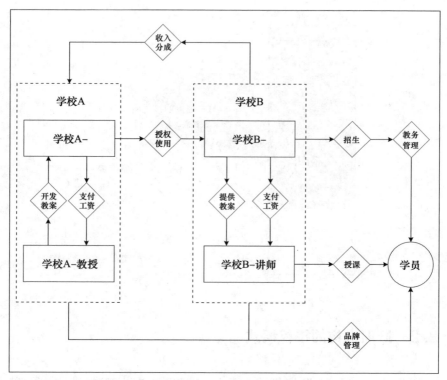

其二维表格分别可以表示为（阴影部分为焦点企业）：

表 2-5   主体与其所拥有的资源关系图

		师资资源	场地资源	学员资源	品牌资源	资金资源	教务资源	教工资源
学校 A	学校 A（原教授角色）	1/ 高			1/ 中	1/ 中		
学校 B	学校 B–		1/ 高	1/ 高	1/ 高	1/ 高	1/ 高	1/ 高
	讲师 – 学校 B	1/ 高						
学员	学员			1/ 高		1/ 高		

表 2-6   活动与其所利用资源关系图

	师资资源	场地资源	学员资源	品牌资源	资金资源	教务资源	教工资源
招生		1	1			1	1
教案开发	1				1		

（续）

	师资资源	场地资源	学员资源	品牌资源	资金资源	教务资源	教工资源
授课	1	1	1			1	
教务管理		1	1	1	1	1	1
学校品牌管理	1	1	1	1	1	1	1
讲师培训	1	1					

表 2-7　主体与活动关联关系图

		招生	教案开发	授课	教务管理	学校品牌管理
学校 A	学校 A		教案开发能力，强 /1	授课能力，强 /1		品牌管理能力，强 /1
学校 B	学校 B–	招生能力，强 /1			教务管理能力，强 /1	品牌管理能力，强 /1
	讲师 – 学校 B		教案开发能力，弱 /1	授课能力，强 /1		
学员	学员					

表 2-8　主体间交易关系图（构型）

		学校 A	学校 B		学员
		学校 A	学校 B–	讲师 – 学校 B	学员
学校 A	学校 A		定位：学校 A 为学校 B 创作教学内容并讲课 / 收支方向：学校 B 支付学校 A 教学内容开发费用 / 收支方式：学校采用入场费加分成的方式支付学校 A/ 现金流结构：学校 B 一次投入多次产出 / 角色：学校 A 是教案开发者和讲师培训者 / 关系：纯市场合作关系	定位：学校 A 为讲师提供讲义，培训服务 / 收支方向：无 / 收支方式：无 / 现金流结构：无 / 角色：讲师的角色是授课 / 关系：学校 A– 服务提供者，讲师 – 消费者	

（续）

		学校 A	学校 B		学员
		学校 A	学校 B-	讲师 - 学校 B	学员
学校 B	学校 B-			定位：讲师根据学校 A 提供的讲义在学校 B 讲课，满足学校对讲师人力的需求 / 收支方向：学校 B 根据讲师的授课时间支付授课费 / 收支方式：学校 B 按时付费（停车费）/ 现金流结构：学校 B 一次投入一次产出 / 角色：讲师的角色是授课 / 关系：内部利益主体，雇用关系（学校 B- 雇主，讲师 - 雇员）	定位：学校 B 为学员提供求知的场所和讲师，满足学员学习知识的需求 / 收支方向：学校 B 向学员收取学费 / 收支方式：学校 B 依照学员所选课程的科目以及科目数量收费（油费）/ 现金流结构：学校 B 多次投入多次产出 / 角色：学校 B 的角色是教学机构 / 关系：纯市场关系
	讲师 - 学校 B				
学员	学员				

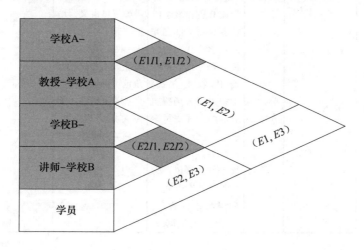

2.3　基于共生体的商业模式设计

培训机构的单边平台模式

从模式 1.0（见表 2-1～表 2-4）、模式 2.0（见表 2-5～表 2-8）的四个二维表格呈现，可以找到培训机构商业模式的一些基本元素，例如，活动、资源能力、主体，以及它们之间的关系。四个二维表格的完整呈现，不但描绘了焦点企业培训机构的商业模式，实质上也描绘了其他利益主体的商业模式，是培训机构的共生体。共生体，是焦点企业的商业模式及其利益相关者的商业模式的总和。

当找到的培训机构越来越多时，理论上对培训机构商业模式的基本元素会越来越丰富。在对这些元素重新组合和分析之后，我们就可能设计出来新的商业模式。这个商业模式设计过程，基于共生体的视角，可以分为三个阶段。

第一阶段为现状描述（静态）：确定共生体范围［相互有交易的（内外部）利益主体和其所从事的活动］，对共生体内各种利益主体及交易结构（参数）进行分析，利用商业模式分析图（见表 2-1～表 2-8 的二维表格）对共生体内现有利益主体与活动、资源及其相互关系进行描述。

前文中对传统学校模式、授权模式的描述便处于这个阶段。

第二阶段为分析和引入（动态）：根据需要和可能性，采取分离、重配、选择、切割重组、聚合、引入等动作，循环往复，直至焦点企业的满意商业模式出现为止。

例如，传统学校模式中，教授和讲师都与教案相关，教授开发教案，最终提供给讲师，但这个活动需要通过学校的中介交易来完成。这里可以采取先"分离"后"聚合"的方式，先把教授与学校分离、讲师与学校分离，再把讲授和讲师聚合为一个整体，统一与学校交易。

例如，表2-5～表2-7便是对主体、活动、资源能力的"切割"，根据分析目的的不同，其切割颗粒度可以有大有小。

通过这些动作，会形成多个可能的商业模式，进行比较，选择其中最为满意的商业模式。

第三阶段为新态描述（静态）：利用商业模式分析图（见表2-5～表2-8的二维表格）中的表对新形成的共生体在指定颗粒度下进行静态描述。

这三个阶段，可以用下图示意：

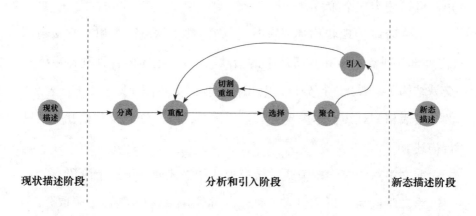

例如，我们可以得到如下的一种新的培训机构商业模式：单边平台⊖。

───────────

⊖ 单边平台的详细理论阐述详见本书第9章。

培训机构模式 3.0（单边平台模式）：学校（焦点企业）从事可规模化的活动，如品牌、教务、招生，其他活动如授课交由业务自主体完成。业务自主体的负责人通过业务分成获取收益。

其交易结构图可以表示为：

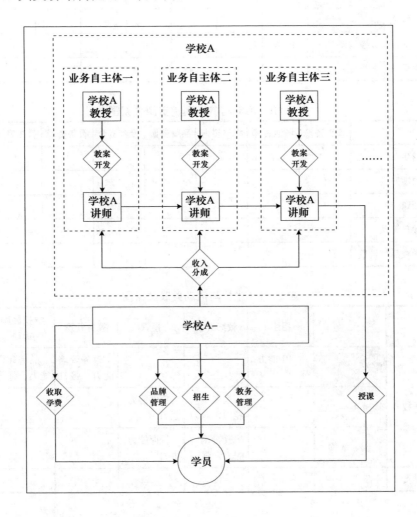

其二维表格分别可以表示为表 2-9～表 2-12（阴影部分为焦点企业）：

表 2-9　主体与其所拥有的资源关系图

		师资资源	场地资源	学员资源	品牌资源	投资资金	教务资源	教工资源
学校 A	学校 A		1/ 高	1/ 高	1/ 高	1/ 高	1/ 高	1/ 高
	讲师 – 学校 A	1/ 高						
	教授 – 学校 A	1/ 高			1/ 高			
学员	学员			1/ 高				

表 2-10　活动与其所利用资源关系图

	师资资源	场地资源	学员资源	品牌资源	投资资金	教务资源	教工资源
招生		1	1			1	1
教案开发	1				1		
授课	1	1	1			1	1
教务管理		1	1	1		1	1
学校品牌管理	1	1	1	1	1	1	1

表 2-11　主体与活动关联关系图

		招生	教案开发	授课	教务管理	学校品牌管理
学校 A	学校 A	招生能力，强 /1			教务管理能力，强 /1	品牌建设能力，强 /1
	讲师 – 学校 A		教案编写能力，弱 /1	授课能力，强 /1		
	教授 – 学校 A		教案编写能力，强 /1	授课能力，中 /1		
学员	学员					

表 2-12　主体间交易关系图（构型）

		学校 A	讲师 – 学校 A	教授 – 学校 A	学员
学校 A	学校 A		定位：讲师根据学校提供的讲义和学员需求讲课，满足学校对讲师人力的需求 / 收支方向：学校根据讲师的授课时间支付授课费 / 收支方式：学校支付讲师一定的固定工资，同时按时付费（停车费）/ 现金流结构：学校一次投入多次产出 / 角色：讲师扮演授课角色 / 关系：内部利益相关者，雇用关系（学校 A–雇主，讲师 – 雇员）	定位：教授根据学校平台提供的个性化需求创作教学内容并讲课，满足学校对教学内容创作和授课师资的需求 / 收支方向：学校支付教授报酬 / 收支方式：学校采用固定 – 剩余的方式支付教授薪资，给教授固定工资的基础上基于教授所开发课程的收益程度分红给教授 / 现金流结构：学校一次投入多次产出 / 角色：教授负责教案开发 / 关系：内部利益相关者，雇用关系（学校 A– 雇主，教授 – 雇员）	定位：学校为学员提供求知的场所，满足学员个性化学习知识的需求 / 收支方向：学校向学员收取学费 / 收支方式：学校依照学员所选课程的科目以及科目数量收费（油费）/ 学校多次投入多次产出 / 角色：学校提供教学服务 / 关系：纯市场关系，服务提供商 – 学校，顾客 – 学员
	讲师 – 学校 A			定位：教授为讲师提供讲义 / 收支方向：无 / 收支方式：无 / 现金流结构：无 / 角色：无 / 关系：内部利益相关者	
	教授 – 学校 A				
学员	学员				

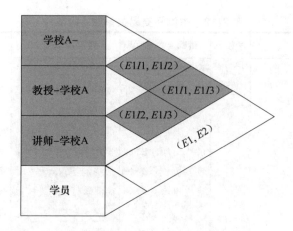

2.4 某家电制造企业社区店的商业模式设计

家电渠道的过去、现在和未来

在没有社区店之前，某家电制造企业在一、二线城市的主流渠道模式是走家电卖场，其交易结构图可以表示如下：

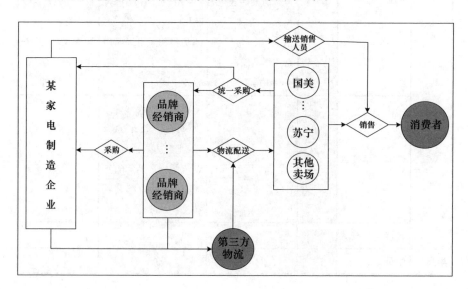

这种模式，我们同样可以采取共生体二维表格（见表 2-13 ～
表 2-16）的方式。

表 2-13　主体与其所拥有的资源关系图

	品牌资源	门店资源	销售人力资源	客户资源	客户数据资源	物流网络资源	资金资源
该企业总部	1/ 高		1/ 高				1/ 高
经销商							1/ 高
家电卖场	1/ 中	1/ 高	1/ 中	1/ 高	1/ 高	1/ 中	1/ 高
物流公司						1/ 高	1/ 中
消费者					1/ 高		

表 2-14　活动与其所利用资源关系图

	品牌资源	门店资源	销售人力资源	客户资源	客户数据资源	物流网络资源	资金资源
销售活动	1		1	1	1		1
物流配送						1	1
促销	1	1					
售后				1			
品牌维护	1	1	1	1	1		1
客户维护	1	1	1	1	1		
新客户开发	1	1	1	1	1		1

表 2-15　主体与活动关联关系图

	销售活动	物流配送	促销	售后	品牌维护	客户维护	新客户开发	消费
该企业总部	销售能力，强 /1			售后服务能力，强 /1	品牌维护能力，中 /1		市场开拓能力，弱 /1	
经销商							市场开拓能力，强 /1	
家电卖场	销售能力，中 /1	配送能力，中 /1	促销能力，强 /1	售后服务能力，中 /1		客户维护能力，中 /1	市场开拓能力，中 /1	
物流公司		物流配送能力，强 /1						
消费者								购买能力，中 /1

表 2-16 主体间交易关系图（构型）

	该企业总部	经销商	家电卖场	物流公司	消费者
该企业总部		定位：经销商提供资金，为该企业寻找合作的卖场，并稳定当地关系/收支方向：该企业向经销商支付扣点/收支方式：和销售收入相关的扣点（分成）/现金流结构：经销商先投入，后获得回款/角色：经销商扮演资金提供方和当地关系协调者角色/关系：外部利益相关者，市场关系	定位：家电卖场提供场地，该企业提供柜台销售人员，合作销售/收支方向：该企业向家电卖场支付各种费用/收支方式：进场费、广告费等（分成）/现金流结构：该企业和经销商共同先投入，后获得回款/角色：家电卖场扮演销售场地角色/关系：外部利益相关者，市场关系	定位：物流公司承担物流配送/收支方向：该企业向物流公司支付物流费用/收支方式：按重量、按距离、按到达时间等计算的物流费用/现金流结构：一次性投入，一次性收入/角色：物流公司扮演物流配送角色/关系：外部利益相关者，市场关系	
经销商			定位：经销商接洽家电卖场和该企业，并承担货物销售过程中的压款/收支方向：卖场到经销商，经销商到该企业，经销商获得差额/收支方式：和销售收入相关的扣点（分成）/现金流结构：经销商先投入，后获得回款/角色：家电卖场扮演销售场地角色/关系：外部利益相关者，市场关系		

（续）

	该企业总部	经销商	家电卖场	物流公司	消费者
家电卖场					定位：家电卖场提供家电购物场地 / 收支方向：消费者到卖场 / 收支方式：和销售收入相关的扣点（分成）/ 现金流结构：卖场先投入场地，后获得收入 / 角色：家电卖场扮演销售场地角色 / 关系：外部利益相关者，市场关系
物流公司					
消费者					

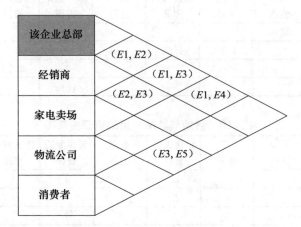

该企业的社区店在短短几年之中发展迅猛，是由于重新优化了各

个主体与活动、资源能力之间的关系，获得了良好的业绩。

社区店交易结构如下：

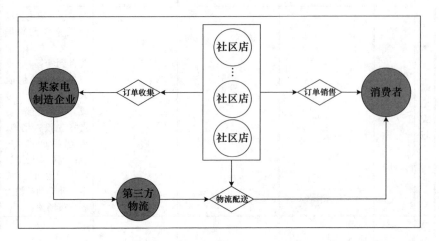

这种模式，我们同样可以采取共生体二维表格（见表 2-17 ～
表 2-20）的方式。

表 2-17   主体与其所拥有的资源关系图

	品牌 资源	门店 资源	销售人力 资源	客户 资源	客户数据 资源	物流网络 资源	资金 资源
该企业总部	1/ 高						1/ 高
社区店		1/ 高	1/ 高	1/ 高			
物流公司						1/ 高	1/ 中
消费者					1/ 高		

表 2-18   活动与其所利用的资源关系图

	品牌 资源	门店 资源	销售人力 资源	客户 资源	客户数据 资源	物流网络 资源	资金 资源
销售活动	1		1	1	1		1
物流配送					1	1	1
促销	1	1	1				1
售后				1	1		1

（续）

	品牌 资源	门店 资源	销售人力 资源	客户 资源	客户数据 资源	物流网络 资源	资金 资源
品牌维护	1	1	1	1	1		1
客户维护	1	1	1	1	1		1
新客户开发	1	1	1	1	1		1

表 2-19　主体与活动关联关系图

	销售 活动	物流 配送	促销	售后	品牌 维护	客户 维护	新客户 开发	消费
该企业总部	销售能力，弱/1	配送能力，强/1	促销能力，弱/1	售后服务能力，强/1	品牌维护能力，中/1	客户维护能力，弱/1	市场开拓能力，弱/1	
社区店	销售能力，强/1		促销能力，弱/1		品牌维护能力，强/1	客户维护能力，强/1	市场开拓能力，中/1	
物流公司		物流配送能力，强/1						
消费者								购买能力，中/1

表 2-20　主体间交易关系图（构型）

	该企业 总部	社区店	物流公司	消费者
该企业总部		定位：社区店为该企业销售产品，获得订单后交给该企业执行/收支方向：该企业向社区店支付佣金/收支方式：分成/现金流结构：该企业和社区店（为主）共同先投入，后获得回款/角色：社区店扮演订单获取角色/关系：外部利益相关者，市场关系	定位：物流公司承担物流配送/收支方向：该企业向物流公司支付物流费用/收支方式：按重量、按距离、按到达时间等计算的物流费用/现金流结构：一次性投入，一次性收入/角色：物流公司扮演物流配送角色/关系：外部利益相关者，市场关系	

（续）

	该企业总部	社区店	物流公司	消费者
社区店				定位：社区店提供家电购物场地/收支方向：消费者到该企业总部/收支方式：一次性销售/现金流结构：社区店先投入场地，后获得收入/角色：社区店扮演销售员角色/关系：外部利益相关者，市场关系
物流公司				
消费者				

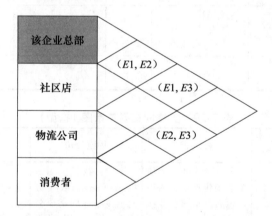

对家电卖场模式和社区店模式，我们可以有一个简单对比。

其实，主体和活动的对应表格中，我们可以写主体所对应活动的收入成本结构（每个表格中，前一个数字代表该活动所获得的收入，后一个数字代表该活动所消耗的成本，数字为相对值），因此，家电卖场的模式表 2-14 也可以表示为表 2-21。

表 2-21　主体对应活动的收入成本结构（家电卖场）

	销售活动	物流配送	促销	售后	品牌维护	客户维护	新客户开发	消费
该企业总部	140，100+40	0，1.5	0，4	0，3	0，3	0，2	0，2	
经销商							120，100	
家电卖场	40，20		0，10		0，10	0，2	0，8	
物流公司		1.5，0						
消费者								0，140

同样，社区店模式的表 2-19 可以表示为表 2-22。

表 2-22　主体对应活动的收入成本结构（社区店）

	销售活动	物流配送	促销	售后	品牌维护	客户维护	新客户开发	消费
该企业总部	130，100+10	0，1.5	0，4	0，3	0，3	0，2	0，2	
社区店	10，3		0，2				0，2	
物流公司		1.5，0						
消费者								0，130

只要对比表 2-21 和表 2-22，就可以知道社区店的效率高于家电卖场。

社区店还可以采取"实时在线现场交易"的模式，把其现有社区店和移动网络平台无缝对接起来。当在线下看到一个好的产品时，消费者就可以通过拍摄二维码实时在线，其交易可以直接配送到住所。如果消费者愿意，他们还可以很方便地把好产品的信息传播给朋友们，并获得传播的收益。

第 3 章

商业模式设计工程学原理一

同样的资源能力被不同利益主体拥有时机会成本不同

———

同样的资源能力，在被不同利益主体拥有时，机会成本不同。因此，有时候仅仅把手中的资源与合适的利益主体交易，我们就可能创造巨大的价值增值。

利益主体 A 中有一个资源能力 a，A 对 a 的价值评价为 500 元；利益主体 B 中有一个资源能力 b，B 对 b 的价值评价为 600 元。但是同时，A 对 b 的价值评价为 1000 元，B 对 a 的价值评价为 1200 元。那么双方就存在相互交易并同时提升自身境况的机会。A 把 a 与 B 进行交易，得到 b，B 得到 a。那么，A 拥有的资源能力从 a 变成 b，价值评价从 500 元上升到 1000 元；B 拥有的资源能力从 b 变成 a，价值评价从 600 元上升到 1200 元。资源能力总集和利益主体的总集并没有发生变化，但通过交易，双方的价值评价都有所增值，而其总价值评价，更得到了巨大的扩张，如下表所示。

利益主体	交易前资源能力	交易前价值评价	交易后资源能力	交易后价值评价
A	a	500	b	1000
B	b	600	a	1200
总价值评价		1100		2200

只通过 A、B 之间对资源能力的重新配置，我们就已经实现了更多的价值。如果有更多的利益主体和资源能力，可交易的机会可能会更多，可创造的价值增值可能会更巨大。

在某利益主体手中只是无关紧要的小木片，在另外一个利益主体手中却可能是至关重要的资源。资源能力 a 在利益主体 A 手中，机会成本是 500，而到了利益主体 B 手中，机会成本却是 1200，显然资源能力 a 与利益主体 B 的搭配更有价值。同样的资源能力，与不同的利益主体交易，利益主体的机会成本不同，最后所形成的商业模式其效率也必然不同。

商业模式设计，正是为了把资源能力交易配置到能发挥更高效率的利益主体，实现整个交易结构的价值增值。我们从一个交易结构的搭建实例说起。

3.1　资源能力与利益主体的搭配

从中非光伏基金的交易结构搭建说起

中国有很多富余的光伏产能，如何变现？非洲有很多丰富的太阳能资源，却得不到有效利用，能否利用？如果要将中国富余的光伏产能与非洲的太阳能资源交易，但非洲没有足够的经济实力来购买光伏产能，如何设计交易结构？

在这个问题中，我们可以将光伏厂商、非洲国家的资源能力列出来，并为其找寻合适的交易对象（其他利益主体），搭建合适的交易结构，如表 3-1 所示。

表 3-1

利益主体	富余的资源能力	可交易的利益主体	缺少的资源能力	可交易的利益主体
光伏厂商	光伏设备	非洲国家		
非洲国家	矿产资源、太阳能资源	能源企业	光伏设备、资金	光伏厂商
能源企业	经营矿产能力	非洲国家	矿产资源	非洲国家
中国政府	援非任务	非洲国家	合适的项目	各利益主体
投资者	资金	各利益主体		
……	……	……	……	……

我们先把光伏厂商拥有的富余资源能力列出来，寻找有哪些利益主体需要这些资源能力；接下来，寻找哪些利益主体有哪些资源能力可以拿出来交易，等等，一直到形成闭环。当然，从缺少的资源能力出发，也可以这样思考，直到形成闭环。

图 3-1 则更为形象：先从光伏厂商的资源能力闭环（图 3-1 右下角）开始，寻找可以解决其资源能力问题的利益主体链条；当遇到非洲国家主要问题之一（资金）后，启动第二个闭环（图 3-1 左上角）的思考，最后的目标是每个利益主体都能够获得一些资源能力，也能够拿出相应的资源能力进行交易，形成逻辑上的闭环。

这两个闭环的结合点便是中国政府。因此，以政府引导、政策性银行参与融资、中非基金为核心的交易结构便初具雏形，具体如下。

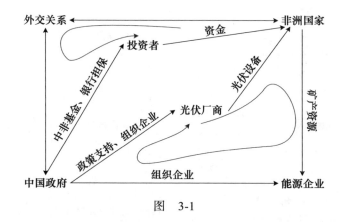

图　3-1

中国政府每年都有大量援非任务，可以建立一支中非光伏基金解决非洲国家供电和照明问题。中非光伏基金向国内光伏厂商订购光伏产品（赊销），销售给一些非洲国家，解决这些国家的供电和照明问题，这些国家政府以矿产资源做结款承诺。中非光伏基金用非洲国家开具的结款承诺担保向国开行和进出口行进行贷款（每年这两家银行都会有大量的援非定向贷款），用贷款来支付光伏厂商的贷款。光伏工程完成后，中非光伏基金把矿产资源转售给能源企业。

详细的交易结构如图 3-2 所示。

同样的资源能力，在不同的利益主体手中，其可变现的路径和可实现的价值完全不同。例如，非洲矿产资源和太阳能资源丰富，但长期缺乏资金和设备，这些资源在非洲国家手中价值不高。但是，当和中非光伏基金交易后，其矿产资源和太阳能资源都能得到更好的利用。换言之，矿产资源在中国能源企业手中，与在非洲国家手中，其价值评价是不同的；同样，太阳能资源和光伏厂商结合到一起后的价值，与单独在非洲国家手中的价值也是不同的。

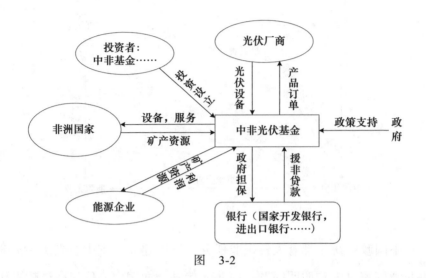

图　3-2

　　一个合适的交易结构，应该把焦点企业手中价值评价不高的资源能力拿出去交易，获得焦点企业价值评价较高的资源能力。显然，如果焦点企业需要的资源能力在对方手中价值评价也不高，那么，通过交易，交易双方相互之间都能得到价值增值，这正是商业模式设计的意义所在。价值评价来源于这个资源能力与利益主体交易结构的关系。在这种情况下，只要交易成本足够低，把资源能力配置给价值评价更高的利益主体就是更为合适的。

　　如果存在多个资源能力和利益主体的价值评价错位的情况，就存在通过交易使资源能力与利益主体价值评价之间相互匹配的可能性，也就是设计交易结构以提高价值评价。中非光伏基金的交易正是实现了这一点。

　　这里所讲的价值评价、福利改进，其实涉及利益主体对资源能力的抉择收入与抉择成本。

3.2　抉择收入、抉择成本与机会成本

所谓抉择收入，就是利益主体在选择参与某个交易时，可以获得的收入；所谓抉择成本，就是利益主体在选择参与某个交易时，需要付出的成本。理性的利益主体，会选择能使其抉择收入和抉择成本差值最大的那个交易。

任何一个利益主体，在其参与交易之前，已经拥有了一定的资源能力组合。设计交易结构，就是为这些资源能力寻找合适的交易主体，通过交易实现价值。但同样的资源能力，被不同利益主体拥有时，会产生相应的抉择收入和抉择成本。利益主体需要在众多可实现的交易方案中选择抉择收入和抉择成本差值最大者，达到利益最大化。

同样一笔资金，交给银行放贷，作为股权投资给创业者，联合创业成立合资公司，这三种商业模式，面对的是不同的利益主体，其抉择收入和抉择成本就不一样。

交给银行放贷，抉择收入是存款利息，抉择成本是与银行的交易成本，基本可以视为零。

作为股权投资给创业者，抉择收入是创业公司做大之后的分红或者 IPO 投资收益，抉择成本是需要投入的接触创业者、尽职调查、投后管理等交易成本。由于仅仅作为投资者，而不参与运营，这里面抉择收入需要加上较高的风险系数打折扣。

联合创业成立合资公司，抉择收入为合资公司中对应比例的分红或者 IPO 投资收益，抉择成本为参与合资所投入的其他资源能力（包

括技术、渠道、企业家时间等）的成本。由于参与合资，抉择收入的风险系数折扣比第二种的股权投资可能稍低。

对不同的利益主体而言，抉择收入和抉择成本的取值是不同的。例如，作为个体而言，股权投资、合资公司的抉择成本都可能过高以至于难以承担，因此选择交给银行放贷是比较合适的，即使其抉择收入在这三者中是最低的。对于专业投资机构而言，接触创业者、尽职调查等对其而言交易成本并不高，而技术、渠道等并非其强项，抉择成本过高，在抉择成本比第三种方案低且抉择收入比第一种方案高的情况下，选择第二种是理性的。而对于具备一定技术、渠道资源的企业家而言，选择跟别人联合创业成立合资公司，可能是抉择收入和抉择成本差值最大的一个选择了。

因此，任何一个利益主体，在对某个资源能力进行交易时，可将对这个资源能力有需求的各种利益主体罗列出来，形成多个可实现的交易方案，分别计算其抉择收入和抉择成本，最后选择其差值最大（我们将其定义为抉择收益）的方案进行交易。

在经济学中，经常提到一个概念，叫作机会成本，指的是，某个主体在做一个选择时，可替代选择集中最好方案的收益（虽然看起来应该是收益，但在下文中是减去项，所以称为机会成本）。经济学认为，理性的选择是使主体实现的收益大于机会成本。

打个比方，如果有可选的五个方案 a、b、c、d、e，某利益主体选择该方案的收益分别为 400、500、300、200、600。如果利益主体决定选择方案 b，得到收益为 500。在剩下的四个可替代方案中，收益最高的是 600，则 600 是选择方案 b 的机会成本。实现的收益

（500）低于机会成本（600），因此不是理性选择。理性选择应该是方案 e，收益为 600，而机会成本为可选择方案中收益最高的，即方案 b 的收益 500，主体实现的收益大于机会成本。机会成本定义了选择"机会"的成本。

抉择收益直接对比以上可抉择多个方案的收益 400、500、300、200、600，并直接选择抉择收益最高的方案 e，抉择收益为 600。

机会成本和抉择收入、抉择成本有一定的联系。

机会成本更多指某个资源能力的机会成本，强调的是资源的稀缺性，当投入某个活动时就要失去另外一个"机会"，我们要考虑这种"机会"损失的"成本"。但是，即使是同个资源能力，在不同的利益主体手中，机会成本也是不同的，这个问题下文还会详细阐述。对利益主体而言，"抉择"保留哪些资源能力，"抉择"舍弃哪些资源能力，是要评估其抉择收益。抉择收益的大小显然和利益主体对商业模式的选择息息相关。这种不同利益主体手中同样资源能力的评价是更为重要的，也更能说清楚交易结构设计的背后逻辑所在。

任何利益主体都有初始的资源能力禀赋，交易结构实质上是利益主体把资源能力拿出来，跟别的利益主体的资源能力一起参与到一个交易结构中，并获得资源能力的增长（体现为整个价值评价的增值）。如果把资源能力和利益主体联系在一起，事实上，我们要完整评估一个利益主体参与某个交易结构的机会成本，才能评估交易结构能否成立。

事实上，这种评估是双向的。拥有这个资源能力的利益主体，需要评估可交易的各种利益主体，分别计算其抉择收益（＝抉择收入－

抉择成本），在其中选择最大的；而参与交易的利益主体，也要评估他参与这个交易的抉择收益，并与其他可选方案的抉择收益做比较，他也需要选择抉择收益最大的方案。如果交易是封闭的（双方仅交易这个资源能力），交易双方的抉择收益都最大时，交易才有可能成立，否则，就需要有其他的补偿（即双边不止交易这个资源能力，交易是开放的）。

因此，如果是各个利益主体都在一个共生体中，要把各自资源能力都贡献出来，形成一个完整的交易结构，则不但整个共生体要实现正的价值空间（＝交易价值－交易成本）；每一个利益主体也要评估其参与共生体与不参与共生体之间的抉择收益比较。只有每个利益主体参与共生体所获得抉择收益高于其机会成本（不参与时的最高抉择收益），这个共生体的交易结构才是稳固的。

3.3　资源能力被不同利益主体拥有时为什么机会成本不同

同样一个资源能力为什么在被不同利益主体拥有时，其机会成本不一样？这里面有三个原因。

原因一
不同的利益主体由于其原有资源能力集不同，与资源能力结合后的效率不同。

任何利益主体都具备一定的原有资源能力组合，当某个利益主体与一个新的资源能力组合时，实质上是把原有资源能力与新的资源能力组合在一起。不同资源能力组合，其效率不同。而不同利益主体的原有资源能力都不同，将导致机会成本不同。"百年老字号"谢馥春重新焕发青春证明了这一点。

谢馥春是中国第一家化妆品企业，至今已接近有 200 年历史，是真真正正的百年老字号，曾于 1915 年荣获美国巴拿马万国博览会的国际银质奖章和奖状，是当时国际化妆品著名品牌和中国化妆品第一品牌。但在现代经济浪潮下却步履蹒跚，一度遭遇歇业清算的艰难境况。

谢馥春的困难是显而易见的：第一，在产品上，谢馥春存在品牌老化、技术落后、创新不够的问题，很难与国际现代化妆品大品牌对抗；第二，在渠道和定价上，也很尴尬，若降价面对低端市场则与品牌形象不符合、不伦不类，保持高价则渠道拉力不够、很难形成销售规模。换言之，百年老字号、曾经中国第一家化妆品企业等品牌资源，在谢馥春这里根本很难发挥出作用。

但同样的资源，如果结合到景区就不一样了。很多游客（特别是游览人文景观的游客）到景区游玩都希望买一些有文化气息的礼品回家赠送亲友，对那些有历史传承的百年老字号产品特别感兴趣。谢馥春的品牌无须赘述，其制作的香粉更是以形似鸭蛋而闻名于世，正适合这类市场。此外，很多景区也缺乏一些传统品牌的装点来提升品位，与谢馥春的合作意愿自然很强。

在这种背景下，谢馥春与苏州周庄、厦门鼓浪屿、黄山屯溪店等景点合作，开连锁专卖店。每一家都渲染谢馥春百年老字号的氛围，让人感觉好像回到了 100 多年前的扬州市集：店面装修古色古香，古典漆器的门匾上书"谢馥春"三个大字，店里面店员们穿着清宫服饰，柜台上整齐排放着各种香囊、香粉盒子，空气中弥漫着香粉的浓郁芬芳……在这种氛围下，谢馥春各式古典化妆品定价从几十元到几百元很为游客接受，其气质也和景点相得益彰，得到游客的青睐。

在谢馥春的商业模式变革中，百年品牌，对谢馥春或者现代超市、卖场等渠道价值并不高。换言之，把这个资源与这些利益主体交易，其抉择收入并不高。但是，对景区特别是人文景区而言，百年老字号则意味着历史传承，意味着更高的人文品位，与景区的现有氛围正好匹配，抉择收入相对较高。换言之，谢馥春与景区合作，跟与现代卖场合作相比，其抉择收入更高，能卖出更高的价格和销售量；抉择成本更低，不需要付出商场进场费、佣金扣点等。好的商业模式设计，需要实现：主要的利益主体，其抉择收入与抉择成本的差值比交易前更大，即要实现主要利益主体的福利改进。

原因二

不同利益主体的约束不一样。

在利益主体 A 这里是个很困难的事情，可能在利益主体 B 那里就很简单。意识到这一点，可以为资源能力寻找到更合适的交易对象。

首先，不同利益主体的资金约束不同。在某地家居市场，有各种销售家具、灯具、建材、饰品等的商户。这些商户一般都对家居市场缴纳固定的月租金。家居市场考虑到整个市场的现金流很充足，于是与银行合作，为每个商户开设子账户，根据销售额按比例融资，为商户提供流动资金，降低了商户的资金占用门槛。后来，家居市场又为商户提供了统一的财务、物流等配套的基础设施服务，更进一步拉近跟商户的关系，并掌握了商户的经营信息。最后，家居市场把固定月租金变成根据营业额抽取佣金，完成了盈利模式的转化。单个商户的月现金流并不大，如果找银行融资，也很难得到优惠的条件，但是所有商户加起来，整个家居市场的月现金流就比较可观了，以此来和银行合作顺理成章。显然，同样是现金流资源作为融资，单个商户和整个家居市场的资金约束条件是不同的。

其次，不同利益主体的风险约束不同。

同样一个投资，在利益主体 A 中只占有很小的一个比例，即使全赔了也影响不大，而在利益主体 B 却可能接近其全部财富，如果失败就可能倾家荡产。在这里，A、B 的风险承受力是不同的。在旧社会，很多农民宁愿作为长工领取固定的工资也不愿意租用土地原因正在于此。如果租用土地，租金可能占其全家财产的极大比例，如果遇到灾年无法缴纳租金，全家就要蒙受巨大的风险。长工则有固定的收入，尽管可能不高，但风险较低。相对而言，地主拥有大片的土地和财产，有能力承担风险，所以付给农民固定的工资，即使有些地块歉收，或者遇上灾年，也完全可以安然无恙。在对土地的投资上，显然地主的风险承受力更强，也更有能力做出投资决策。

同样一个投资，在对风险的管理能力上，不同利益主体约束不同。近些年来，阿里巴巴的小额信贷做得风生水起，已经成为阿里巴巴三驾马车（平台、金融、数据）之一。其创始人曾豪言："如果银行不改变，我们就改变银行。"他话如此有底气，盖因与银行相比，阿里巴巴在贷款风险的管理能力上更胜一筹。阿里巴巴的很多客户是中小企业，在为客户提供电子商务集成方案的同时，阿里巴巴也深度了解客户经营状况的内部信息，能按照客户历史经营信息，更好地建立信用体系。加上阿里巴巴物流体系和支付体系，客户在整个交易过程中的信息都受阿里巴巴的严格管理，可以有效控制风险。这些优势都是传统银行所不具备的。据传，发展至 2012 年中，阿里小贷每日利息收入就已经超过 100 万元。阿里小贷已成为贷款市场上一支举足轻重的力量。

我们在这里讨论的资源能力和利益主体，不单可以指单独的资源能力、利益主体，也可以指打包在一起的资源能力和利益主体。

同样是家电连锁终端，有些厂商把销售、配送、上门安装和售后服务等资源能力打包配置给店长，有些厂商则只是把销售配置给店长，而将配送、上门安装、售后服务打包配置给总部。这是对资源能力的打包配置给一个利益主体的不同做法。

而在企业 IPO 或者并购重组时，企业的服务团队一般由投行人员、律师、会计师等专业人员组成，他们之间经常相互联系、彼此合作，打包一起为有需求的企业服务。这是对利益主体的打包，为其配置一类资源能力（IPO、并购重组服务）。

原因三
不同利益主体，面临的交易机会集合也不同。

这几年，Facebook、360、腾讯、百度等互联网巨头都推出了平台开放策略，欢迎有好应用的软件开发商加入他们的平台圈，共同成长，共同繁荣，其中很重要的原因就是，互联网巨头和互联网创业公司所面临的机会集合是不同的。一个好的应用软件，如果从头开始进行营销，成本巨大，能够让用户了解你、相信你需要很长的时间周期。但只要接上腾讯、苹果 App Store，就可以接触至少几亿的用户，应用软件被用户选择购买使用的概率无疑会成几何级数增长。目前，越来越多互联网、移动互联网创业公司的成功故事，都深深体现了其站在互联网巨头肩膀的特征。植物大战僵尸、你画我猜等应用软件，正是通过在苹果 App Store 上的巨大成功，才开启了企业的成功之路。

因此，在寻找交易的利益主体时，不妨思考，手中的资源能力最好的应用"机会"在哪里？对你来说，这个机会是否难以接触？那么，能接触这个机会的是哪些利益相关者？前文所提到的中非光伏基金，如果是单独的光伏厂商去找非洲国家，是比较困难的，因为非洲国家的交易关系并不在其机会集合中，但对中非基金而言，很容易接触非洲国家，因此这个交易在其机会集合中，是手到擒来的事情。

所以，当利益主体在寻求合作伙伴以形成共生体时，要从以上三个方面去寻找：资源能力集不同的、约束集合不同的、机会集合不同的。找到这些合作伙伴，双方通过资源能力的重新搭建，就有可能创造出更高的价值空间。

3.4　新交易理论

交换、交易与机会成本、交易定价

在前面我们举的例子中，有一些是直接对资源、产品的交换，例如开篇利益主体 A、B 交换资源能力 a、b 的例子；有一些是长期的交易，例如谢馥春。事实上，我们所讲的交易，指的是广义的交易，既包括简单的一次性购买、销售关系，也包括短期合作、中长期契约、股权关系等持续性交易。例如，本章开头的例子，A、B 可以合作组成一个公司，把各自资源能力放进来，优势互补，得到合作收益为 2200 元，收益分割为：A 得到 1000 元，B 得到 1200 元。问题和开篇的简单一次性交换并无实质性差异。为了行文的方便，在本节，我们把一次性购买、销售关系称为交换，而把持续性交易称为交易。以前交易理论主要研究的是交换，因此我们把研究持续性交易的理论称为新交易理论。

在交换中，一般都有公开的市场价格，或者约定俗成、讨价还价形成的一次性价格，双方达成交换的前提是对同个资源、产品的价值评价不同，这是交换的基础。

而在交易中，不同的利益主体共同合作，形成一个共生体，并有一定的资源（包括能力，下同）或产品产出。各个利益主体的资源能力在共生体交易结构中，已经被转化成了资源或产品的产出，资源能力投入与资源产品产出之间的关系从简单交换的明确对应变成持续交易的模糊对应。因此，需要评估不同利益主体在共生体产出中的贡献虽然是困难的，但由于各方在交易过程中有实际贡献，在经过讨价还价后，还是有可能形成一个相对共识的贡献比例，这可以成为交易定价的最高值。

与此同时，利益主体的资源能力可以参与别的交易结构，并获得抉择收益，这是参与现在这个共生体交易结构的机会成本。这是交易定价的最低值。合理的交易定价应该处于最高值和最低值之间，也就是不低于其机会成本，同时不高于其在共生体中的贡献。

打个比方，中非光伏基金的例子中，光伏厂商对这个交易结构的贡献假设为 80，而这些光伏设备应用到其他交易结构，最多可获得的收益为 60，那么，中非光伏基金对光伏厂商的合理交易定价就不能低于 60，也不需要高于 80。在这区间，光伏厂商都可以接受。

合理的交易定价是共生体交易结构稳定的基础。在参与共生体中，这些利益主体会不断积累资源能力，从而其抉择收益比较也在不断变化中，因此，共生体的交易结构也要不断升级，交易定价也在动态变化；抉择收益的大小不但受利益主体、资源能力的影响，还与交易方式、资源能力所交易的具体属性相关，等等。这些共生体交易结构的设计原理和定价原理，是新交易理论的核心内容，这些我们在后续的文章中还将陆续介绍。

3.5 资源能力与利益主体配对的设计工具

当企业确定了所在生态时，基本的资源能力列表也就清晰了。此时，企业的资源能力可以分为三类：第一类，企业在未来发展中需要的资源能力，继续保留、积累、加强；第二类，企业在未来发展中缺失的资源能力；第三类，企业在未来发展中不需要的资源能力，换言之，这些资源能力对企业来说是富余的。后两类资源能力都可以通过列表，去寻找潜在的、可进行交易的利益主体。

如果企业要与某个利益主体交易，又可以将后者的资源能力做全面的分析：拥有哪些资源能力？缺失哪些资源能力？哪些资源能力是富余的？……循环往复，直到和开篇的中非光伏基金一样，形成逻辑闭环。

只要分析好每个利益主体需要什么资源能力，能提供什么资源能力，他们各自的抉择收入和抉择成本，就可以从那些潜在利益主体中找到最合适的交易对象。

资源能力列表可以如表 3-2 所示。

表　3-2

利益 主体	富余资源 能力	可交易 利益主体	抉择 收益	缺失资源 能力	可交易 利益主体	抉择 收益
焦点企业	资源	主体		资源	主体	
		……			……	
	资源	主体		资源	主体	
		……			……	
主体	资源	主体		资源	主体	
		……			……	
	……			……		
……						

当把利益主体和资源能力配对完毕后，将形成下面的利益主体 – 资源能力交易表格，如表 3-3 所示。

表　3-3

利益主体	所提供的资源能力	提供给哪个利益主体	交易方式
主体 1	资源		
	……		
主体 2	资源		
	……		
……			

第 4 章

商业模式设计工程学原理二

利益主体以不同方式交易时，价值增值不同

—

在第 3 章中，我们提到"同样的资源能力被不同利益主体拥有时机会成本不同"，主要着眼点在于不同的利益主体。那么如果和同一个利益主体交易，是否最终的商业模式设计效果就会一样呢？我们先来看一个小例子。

某技术公司拥有一项生态肥技术。化肥厂如果应用这项技术，每吨成本可以降低 500 元，毛利率可达 30%。

对这项技术至少有两大类可能的商业模式设计：第一类，以这项技术为核心，建立工厂，形成产能，销售化肥。这又进一步涉及对工厂资产的融资设计，与化肥产业链条上各种利益主体的交易结构设计，等等。第二类，把这项技术拿来，与现有的化肥厂合作。交换的资源能力是相对确定的，利益主体也是确定的，这里面也可以有多种不同的交易方式设计。这里举三个例子。

第一种方式：技术完整销售给化肥厂。在医药行业，经常采取这种方式。这种交易方式，可以一次性获得收益，采取的是完整估值定

价的方式，技术公司和化肥厂是一次性交易。

第二种方式：授权使用，收取知识产权使用费。相当于把技术研发、生产、销售等业务活动环节切割了，其中化肥厂占据生产、销售等业务活动环节，而技术公司意图通过研发控制全局，获得长期的持续性收入，在现金流结构上，属于多期收入。这是高通在 3G 市场采取过的方式。由于高通公司的专利池比较全面，都是 3G 应用绕不过的技术，面向的也都是大企业和政府，这种交易方式在 3G 时代取得了巨大的成功。

第三种方式：把技术封装后，作为配方，交给化肥厂生产。化肥厂必须采取技术公司的品牌，并通过已有的渠道销售，技术公司可以把利润的大部分（例如 70%）分给化肥厂。这种交易方式的设计，除了将业务环节切割为技术研发、配方封装、生产、销售，还将资源能力切割为品牌、资金、产能、销售能力等。技术公司占据技术研发、配方封装等业务环节和品牌的资源能力，而把其他的配置给化肥厂。与第一种、第二种方式的串型结构不同，这是一种软一体化的三角型结构——技术公司通过技术研发、配方封装、品牌授权等环节，贯穿整个活动过程，获得持续性收益，而且，与第二种方式固定收益形式的定价不同，这里采取的是分成收益。这是可口可乐的做法。可口可乐将浓缩液生产出来后，就在全世界找合作伙伴。让它们搞瓶装厂，也让它们控股，但它们得按可口可乐的统一品牌和系统去推广、销售。浓缩液生产厂和瓶装厂其实是两个公司。浓缩液叫可口可乐品牌，瓶装厂才是可口可乐公司。

显然，这三种交易方式最终所实现的控制力和价值增值是不同的。第一种方式涉及对技术的估值，而且一般只能跟一个化肥厂交易，交易价值不高。第二种方式在市场碎片化、主体游击队化的国内市场，实施难度很大，交易成本巨大。第三种方式有更强的掌控力，如果辅以金融手段，解决大多数中小化肥厂的融资问题，有可能闯出一片天地，交易价值较高，交易成本可控，而货币成本也不高，其价值增值在三种方式中最高。

以上三种交易方式，其实体现了技术公司与化肥厂的交易结构在构型、现金流结构、收支方式等参数上的差异，这些参数的差异千变万化，其多变的组合就组成了形形色色的交易方式。而这些交易方式如果不同，其价值增值也将不同，而这，正是商业模式令人着迷之处。

4.1　价值增值与交易方式

价值增值可以用以下的式子解释：

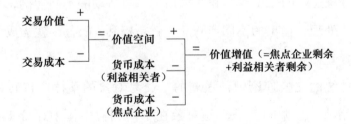

商业模式创造了一定交易价值，同时付出一定交易成本，两者之间的差为交易结构的价值空间；除了交易成本，焦点企业和利益相关者都需要付出货币成本，比如内部管理费用、原材料采购成本等，价

值空间减去货币成本就是商业模式为所有利益相关者所实现的价值增值，其组成为焦点企业剩余（也就是焦点企业的企业价值）加上利益相关者剩余。

如果一项交易结构创新，能够提升交易价值，或者降低交易成本，或者节省货币成本，或者同时实现以上三项中的两项或全部三项，就会提高价值增值。

交易方式，简单来说，是回答一项资源能力在多个已知的利益主体之间"如何交易"的问题。我们可以有七个不同的参数：满足方式、构型、角色、关系、收支方式、收支来源、现金流结构。这七个参数加上利益主体的资源能力、交易结构的价值，就构成了"魏朱商业模式六要素模型"的核心内容。

每个利益主体都具备一定的初始资源和能力，并以不同的形式体现为交易对象的不同属性。如果把任何一个活动切分为输入、处理和输出三个环节，则资源是可以和活动、利益主体分开的交易对象，或者交易对象的某个属性，一般处于活动的输入、输出环节；能力是衡量活动处理过程的一个效率和效果指标。对活动的不同切割，对活动的输入、处理、输出的不同产权（也就是权利）配置，就构成了各种交易方式。

在传统的交换理论中，强调的是交易对象的整体产权转移导致的价值增值，强调同一个交易对象在不同利益主体中评价（抉择收入、抉择成本）不同。新交易理论则强调不同交易方式（不同交易方式，不但包括对交易对象整体产权的不同切割转移，也包括在对交易对象的切割转移中所涉及的对资源能力和主体的切割配置）所带来的价值增值。这些交易方式（满足方式、构型、角色、关系、收支方式、收支来源、现金流结构）的取值不同，最终会带来不同的价值增值。

4.2　交易方式之满足方式

在传统的管理理论中，强调分析谁是你的利益相关者，他的需求是什么，但对满足需求的方式则着墨不多。但事实上，同样的利益相关者，同样的需求，采取不同的满足方式，可能会带来不同的价值增值。

某大型设备总装厂商需要和零部件厂商进行供应链配套制造，传统的交易方式是总装厂选址建厂后，零部件厂商靠近总装厂建厂，方便配套制造。但零部件厂商有疑虑：如果我挨着你建厂，对你专门配套制造，你是否会压我的价格，让我签订不平等合约？但如果为了可以服务别的总装厂，零部件厂商就需要选择在多个总装厂的结合部，物流成本将比较高。如何解决这种问题？

总装厂是这么分析的：一个零部件厂包括厂房、设备、管理团队、运营资金、技术等资源能力。现在的满足方式是全部配置给零部件厂商。如果转换一下满足方式，把厂房配置给总装厂，把设备、管理团队、运营资金、技术等配置给零部件厂商，是否可以设计出一个新的交易方式呢？

具体来说，总装厂把厂房建设好，租赁给零部件厂商使用，零部件厂商配置设备，组建管理团队，配置运营资金和技术等，负责运营。这样的话，零部件厂商随时可以撤走，只需要带走设备和管理团队，不用担心被总装厂压价，不诚信。而对总装厂来说，一方面体现了合作诚意，有利于长期稳定合作伙伴；另一方面，即使零部件厂商撤走，换一个零部件厂商相对容易一些，只要配置新的设备、管理团队、运营资金、技术就行了（总装厂和零部件厂商是一对多的关系，换别的零部件厂商相对容易一些）。这样一来，交易成本大大下降，从而实现了价值增值。

4.3　交易方式之构型

构型指的是利益相关者及其联结方式所形成的网络拓扑结构。有些不同的交易方式，体现为不同的构型，形成不同的价值增值。

双边平台

双边平台一般连接着两类利益相关者，平台企业承担汇集信息、制定交易规则、促进交易等功能。我们熟知的淘宝、Facebook、iTunes 等都属于双边平台。在构型上，则体现为两边多对多、中间汇集的交易方式。如图 4-1 所示，是 Google 的构型（只考虑其最开始的基本结构，关于 AdSense、Gmail、Android 等延伸结构暂不涉及，事实上，延伸结构的构型也一样）。

左边是规模庞大的互联网用户，用户提出搜索请求，Google 通过网页搜索（Page Rank 算法），反馈回相关网页。

广告主则提交广告申请，并按照点击支付广告费。

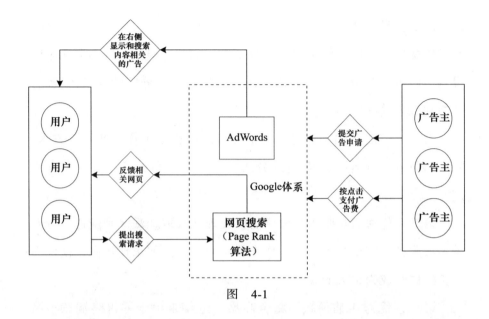

图　4-1

Google 在两边连接的就是在搜索页面的右侧显示和用户搜索内容相关的广告。

这种构型，降低了广告主和用户之间的搜寻成本。Google 的核心技术是 Page Rank 的搜索算法，把这个算法免费提供给用户，汇集大量用户之后，广告"眼球经济"的价值大大提升。

单边平台

单边平台，指的是把每个具备单独要素能力的环节或多个环节的组合（以达到范围经济边界为限）转换成以其为中心的业务自主体（以达到规模经济边界为限），并为其搭配具备互补资源能力组合（缺什么补什么）的平台的企业。平台和业务自主体的总和，称为单边平台商业模式。从构型来看，单边平台为一对多、平台与自主体之间界面标准的交易方式。

传统的洗衣店一般采取"直营 + 连锁加盟"模式，各个分店采购设备，收取客户衣物并在店内洗涤。这种模式对分店的要求比较高，会遇到以下这些瓶颈：

第一，产能利用率不足。每个分店的面积基本在一两百平方米，除一些开在多个小区结合点的分店之外，大部分分店很难充分利用产能。

第二，优秀店长匮乏。分店需要处理从收取、洗涤到配送、分发等多项服务，需要具备多个工作人员，对店长的要求比较高，使优秀店长的供给成为很大的瓶颈。

第三，优秀店铺稀缺，租金高昂。近年来由于零售终端竞争激烈，小区附近良好地段的店铺租金急剧上涨。

第四，外地劳动力成本上涨、现金流无法集中、环保问题等。

因此，"直营 + 连锁加盟"模式表面上看也是一对多、界面标准，但是界面比较简单，总部与分店之间的联系较为薄弱，存在"总部弱、分店强"、掌控能力不足的瓶颈。实践证明，在小区采取"直营 + 连锁加盟"模式的洗衣店成长都比较困难。

有一家公司，按照单边平台的构型设计，对洗衣店的业务活动环节进行了切割，开创了一种新的商业模式——"非常 4+1"。

这家公司把洗衣店的业务活动切割为：收取衣物、洗涤衣物、集中派发衣物、分散派发衣物 4 个环节，把收取衣物和分散派发衣物配置给小区分店（收衣店），而把洗涤衣物配置给集中的洗涤中心，集中派发衣物是洗涤中心与收衣店的交易界面。每天下午，洗涤中心的物流车按照顺序前往 4 个收衣店，派发前一天洗涤好的衣物，收取下一天要洗涤的衣物。这就基本解决了上面的问题。

第一，1 个洗涤中心配备 4 个收衣店，产能匹配。

第二，洗涤中心投资，运营家庭化，降低了对店长的要求。去掉了收衣环节的洗涤中心，管理更为集中和专注，效率更高。

第三，收衣店不需要太大面积，投资选址门槛降低。收衣店 10 平方米就可以开工，有一些退休老人或者赋闲在家的家庭妇女就可胜任。

第四，收衣店可招本地普通员工，招工难度和用工成本降低。

第五，联网卡实现现金流集中。

第六，可复制性强。

采取这种"非常 4+1"模式之后，该公司在一年多的时间里开了 300 多家洗涤中心，发展迅猛，而且模式还在持续升级。同样是连锁店，通过在总部与分店之间的活动重新匹配，形成单边平台的构型后，价值增值有了较大的提升。

某鞋底公司构型的创新：从串联型到三角型

某鞋底公司原来采取的是串联型的交易方式：鞋底公司销售鞋底给整鞋制造厂，之后整鞋制造厂整合设计和生产整鞋后，把整鞋销售给耐克等品牌商，进入耐克的体系。这是典型的零部件参与 OEM（代工）模式，价值不高，收益稳定，风险取决于鞋底公司与整鞋制造厂的关系。

在积累整鞋设计能力以及拓展上下游商业网络之后，该鞋底公司寻求转型，将串联型的交易方式改成了三角型。如图 4-2 所示：鞋底公司承担整鞋设计、鞋底设计和生产鞋底等工作，并组织其整个鞋子生产、销售的供应链，为整鞋制造厂和鞋类品牌商提供整鞋设计方案，签订协议，供应高品质鞋底，并为销售渠道提供销售指导、支持，返利补贴，串起整个价值链。

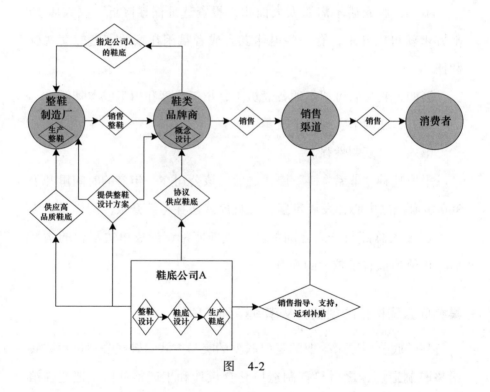

图　4-2

显然，这种三角型的构型，其掌控力比串联型（见图 4-3）有了一定的提升，也会获得更多的价值增值。事实上，英特尔公司（Intel）的 CPU 就一直采取这种交易方式，通过"Intel inside"牢牢控制了整个 PC（个人电脑）产业价值链。

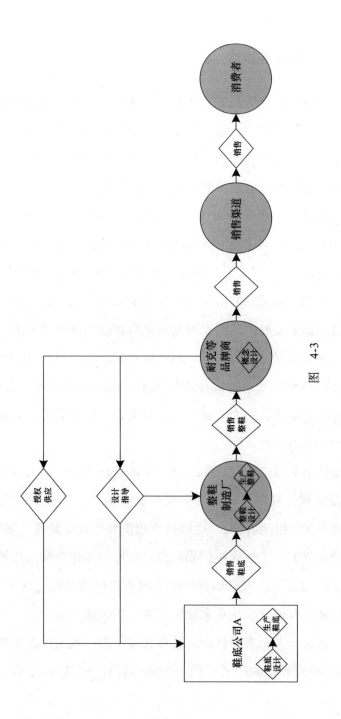

图 4-3

4.4　交易方式之角色

角色指拥有既定资源能力的利益主体在交易结构中的功能。换言之，投入哪些资源能力，就可以定义一个利益主体在商业模式中可能扮演的角色。在商业模式设计中，恰当的角色设计，会激励利益主体将其所拥有的资源能力发挥到极致，从而提升价值增值。

开设连锁店，需要面对店长的成长。今年店长赚到 10 万，比打工时候的 6 万多，很开心；明年增长到 15 万，也很开心。但如果接下来几年都是在 20 万上下，可能工作热情和积极性就会急剧下降了。随着店长管理店面时间的增加，店长会积累起个人财富、社会关系和管理能力。如果能够把这些积累起来的资源能力设计到未来的商业模式体系，继续加强原有的循环，商业模式就能不断得到升华，实现动态的升级。因此，要通过设计店长在未来交易结构中的"角色"，激励他把这些不断增长的个人财富、社会关系、管理能力等资源能力继续投入到整体商业模式中。

某连锁企业是这么设计的：把一个店的权利束切割为经营权、分红权和投资权，其中经营权和分红权属于店长，而投资权则是开放给公众投资人（包括店长）。这些投资权需要用资金购买，逐年积累，如果连锁企业上市了，这些积累的投资权可以转化为购买原始股的权利。在这种情况下，店长积累的个人财富可以持续投资到多个店面，而连锁总部可以把这些钱拿来继续开店，扩张规模。

而对店长个人积累的社会关系和管理能力，该连锁企业则采取了"多级别、小连锁"的模式。当一个店长管好一个店面之后，可以升级为高一级主管，管理多几个店面。如果继续管理好了，可以持续升级。而店面也分社区店和旗舰店，对店长的要求都不一样，这都可以在模式的不断进化中得到合理处置。

这种交易方式的设计，把店长管理店面过程中积累起来的个人财富、社会关系和管理能力等都持续回流并加强到整个连锁体系，既妥善安排了店长，又为连锁的不断升级提供了内生性动力。

店长最开始的角色是以销售为主的，但在后面积累了个人财富、社会关系和管理能力等资源能力之后，店长的"可能"角色拓展了。但假如没有把这种"可能"角色变为"事实"的角色，那些积累起来新的资源能力，店长并不可能将其放入到交易结构当中。通过投资权的设计，店长的角色增加了"投资者"的属性，于是把个人财富投入到交易结构当中；通过"多级别、小连锁"的设计，店长的角色又增加了"管理者"的属性，于是把社会关系、管理能力又投入到交易结构。通过角色的设计，很好地把店长"个人的"资源能力，转变为"整个交易结构的"资源能力。

4.5　交易方式之关系

关系指利益相关者之间的治理关系，主要描述控制权和剩余收益索取权等权利束在利益相关者之间如何配置。

配置的核心原理是，什么性质的贡献获得什么性质的收益。任何利益主体都拥有一定的资源能力，利益主体通过投入资源能力对合作体的产出做出贡献。如果在该资源能力作用规模范围之内，其投入量大小不影响产出，则为固定贡献。例如，在不超过产能的条件下，厂房对产量而言是项目固定贡献。反之，如果该资源能力的投入量越大，产量越大，则为可变贡献。例如，农业种植中，农户的努力程度对农作物产量而言是可变贡献。简单地说，在两个利益主体交易的时候，固定贡献应该获得固定收益，而可变贡献相应地应该获得剩余收益（更详细、通用的说法和推导请参考《商业模式的经济解释》一书）。

这个核心原理在不同情况下，有不同的表现形式，这里列举其中四种。

第一，某些固定贡献的利益主体获得股权。股权描绘不同利益主体之间在控制权和剩余收益索取权中的分割关系，其存在的本质是为了降低切割各方收益时的交易成本。一般股权对应剩余收益，因此只有当利益主体的贡献是可变贡献时才采取股权的方式。但由于现实存在各种各样的交易成本，有些贡献即便是固定贡献，也表现为股权。

例如某景点的乡村酒店，当地政府发动征集宅基地建设，酒店建成投入运营后，分红方案为：酒店管理公司拿 20%，政府拿 25% 投入基础设施，剩下的 55% 由村民们按照宅基地的投入比例分配。在这里，村民的土地投入在酒店投入运营后是固定贡献，但由于其在交易结构的设计中很重要，再加上一些政策考虑，获得股权收益是合理的。

第二，股权激励是为了激励利益主体在交易结构中所扮演角色的贡献，由于角色的贡献是多元的，因此股权激励的方式也是多元的。如果有些收益是跟投入的资本挂钩的，可以依据投资进行分配；如果有些收益是跟工作贡献挂钩的，人走了就要退出，不能继续分红。这个在设计的时候都要梳理清楚。例如华为的股权激励，如果员工离职，一定要退股，具体的方案在不同时期有不同的设计，但股权跟其工作贡献挂钩匹配是基本精神。

第三，控制权和剩余收益索取权不一定一一对应，同股未必同权。国外某些家族企业的后人拥有控制权上的一票否决权，但是绝大部分分红分给管理团队和公众股东。有些连锁店在发展初期，也采取"控制权向总部倾斜，分红权向分店倾斜"的方式。

第四，延伸到贡献的话，也不一定按照出资的比例分配，主要体现为各种合作社。例如，按照供应量分配的生产者合作社，按照销售量、使用量、融资额分配的消费者合作社，甚至不分配的社会企业等。

4.6　交易方式之收支来源

所谓收支来源，一方面可以指企业的收入、成本来自哪些资源能力，另一方面可以指来自哪些利益主体。在某些情况下，收入可以转化为成本，成本可以转化为收入，或者收入、成本来源去除，这都是交易方式创新的思路。

在传统的人力资源中，选、育、用、留四个管理活动环节一般都归属于人力资源部门，企业也要为员工支付薪酬、五险一金、绩效奖金等。如果转换交易方式，则有可能使员工变成收入的环节。

某连锁企业，设计了一套完整、严密的连锁加盟体系，对分店的员工有较高的要求，在培育（培养）这个环节上需要倾注较大的资源能力才能获得胜任工作的员工，而这个环节显然由总部来做，更具备规模经济。于是，该连锁企业合作创建了企业大学，专门培训员工掌握这套连锁加盟体系（不同层级的员工，其获得的培训内容和过程不同）。经过培训后的员工比分店自己去外面招收的更具备专业技能，也更能胜任连锁分店的工作。于是，总部把经过培养的员工派遣到各个分店，并收取一定的派遣费，作为总部利润的一个重要来源。

在一些重大的成本支出上，也可以通过交易方式设计，由其他利益主体承担。

7-11 开设了很多街边便利店，为这些便利店配置了一套统一、强大、智能的供应商（包括生产商和批发商）信息系统。哪个区域哪个便利店缺什么货物，在这个信息系统上一目了然；同时，哪些货物怎么摆放能够形成更好的销售效果，这个信息系统也可以给出智能的分析结果和摆放建议。于是供应商通过信息系统了解需要配货的信息，主动配合信息系统补货，7-11 与供应商相互之间的交易非常方便。

在很多基础设施的建设上，7-11 也充分发挥供应商的资源能力优势，将同个资源能力切割给多个供应商，共同承担投入，并共同收益。例如，对于共同配送中心，由多个供应商共同投资建立，并共同使用和参与经营。建好后供应商将配送业务和管理权委托给共同配送中心，而 7-11 则在充分协商并征得同意后，以地区集中建店和信息网络为基础，纳入相应的信息系统。此外，7-11 还提供联机接受订货系统和自动分货系统，协助配送中心实现系统化和高效化。

在传统交易结构设计中，配送中心是连锁总部的成本，但通过供应商投资共建后，实质上降低了成本支出，使 7-11 的资产轻量化，更专注于其核心信息系统的建设和信息能力的培养、积累。

4.7 交易方式之收支方式

收支方式有很多种分类，例如，可以按照收益性质分为固定收益、剩余收益、分成收益，也可以按照计价形式分为进场费、过路费、停车费、油费、分享费等，还可以按照组合方式的不同分为产品组合计价、消费群体组合计价、时间组合计价、顾客定价、拍卖等。仅以时间组合，就可以举出很多不同收支方式的例子。

有一些资源能力，在时间上是可以并行的；有一些资源能力，使用时间是可以切割的。这都可能带来新的交易机会，提升价值。

时间上可以并行的资源能力，意味着，在同个时间段，你可以让利益主体交易更多的东西。例如，对连锁美发中心而言，在一定时间内，固定的场所面积，能够提升单位时间的消费金额，就意味着更高的价值增值。要达到这种目的，一种办法是提供更高价格的服务，另一种办法是把一些在时间上可以并行的服务叠加在一起。像烫发过程和观看广告、屏幕购物是可以同时进行的一样，在这种情况下，美发中心可推出叠加服务，提升单位时间的产出。

如果这种资源能力是互补的，则更为理想。例如在同一段时间里，电影院放映《指环王》，而同时外面销售与指环王有关的吉祥物，包括其他的营销活动等，就可以叠加在一起，提升这个时间段当中单位时间的产出。

另外，同个资源能力，在使用时间上也可以切割给多个利益主体（最好是利益诉求相对同质化，这样交易成本较低）。例如某农业机械合作社，就可以按照使用时间来支付机械的投入。假设该合作社要购买一台价值 10 万法郎的施肥机械，由于合作社会员只需平摊 30% 自有资金（其他 70% 由优惠贷款和政府补贴垫资），即 3 万法郎。每个会员该出多少呢？很简单，假如有 5 个会员，分别承诺每年使用时间为 20、15、30、20、15 个小时，那么，总使用时间就是 100 个小时，因此，每个小时使用费 300 法郎，对应的，5 个会员的自有资金平摊费用则分别为 6000、4500、9000、6000、4500 法郎。因此，任何一个农场主，都可以用不到 1/10 的成本拥有农业机械的使用权。事实上，一般来说，每个合作社的人数都要远远超过 5 个人，也就是说，农场主需要付出的成本将会更低。

这种对时间的切割，或者可以提升交易价值，或者能够降低交易成本，最终实现价值增值。

4.8 交易方式之现金流结构

同一笔收益，在不同的时间段收入或者支出，将体现为不同的现金流结构。金融方案的设计，内生于企业的现金流结构。而现金流结构，也存在很多设计的空间。

例如，可以设计一个创新的医院交易方式。一个医院，可以切分为固定资产（包括大楼、设备、药房等），管理团队（如院长等行政队伍），专家团队（医生），服务团队等。在这些资源能力当中，固定资产的投入是固定贡献，可以获得固定收益；管理团队和服务团队是可变贡献，但对医院的产出并不是决定意义的，可以按照服务时间获得相应收益；而专家团队是创造医院收益的重要引擎，应该获得剩余收益。

换一种说法，某个医院开发商可以组织设计院、建筑商建设医院大楼，购置医疗设备，配置药房，建筑商按照项目，分阶段结算收款；引入医院管理、服务团队，采取物业管理模式，按照时间收费；医生专家团队进驻医院，建立工作室，对固定资产的使用支付租金，对管理、服务团队支付服务费，并获得诊疗的剩余收益。这样一来，各种利益主体的收益和贡献都可以相应匹配，而且动态上也相对合理。

这些收益，有一些是先支出后收入（建楼），有一些是当期支出，当期收入（管理、服务团队）；有一些是稳定的固定收益（建筑、设备租赁），有一些是不稳定的风险收益（专家团队的收入）等，理论上都可以切割给不同的利益主体，让他们的贡献、金融设计与之匹配。

4.9　交易方式的延伸问题

切割重组、抉择收益等

不同的交易方式，实质上是七个参数（满足方式、构型、角色、关系、收支方式、收支来源、现金流结构）的取值差异。这七个参数加上利益主体的资源能力、交易结构的价值，就构成了"魏朱商业模式六要素模型"的核心内容。

在形成这些参数的过程中,一个重要思想是对交易对象和资源能力进行切割,将不同切割出来的部分与不同利益主体之间重新组合,形成不同的交易方式。

这种切割可以是资源能力的切割(如总装厂与零部件厂的交易方式设计、医院结构的分割设计),业务活动环节的切割(如洗衣店的"非常 4+1"模式),管理活动环节的切割(如连锁总部派遣培训后的员工到连锁分店),权利束的切割(如总店对店长持续激励方案的设计),时间的切割(如农业机械合作社)等。因此,切割是产生参数的重要手段。

切割之后,要与利益主体之间重新组合。目标是,让利益主体与切割出来的部分结合到一起的总价值增值最大。

对每一个利益主体而言,不同的切割所形成的不同交易方式,其抉择收益是不同的,只要最终所选择的交易方式,其抉择收益超过不参与交易时的抉择收益(机会成本),就有可能参与交易。而对任何一个利益主体而言,其获得的收益也不应该超过其对交易结构的贡献。在机会成本与贡献之间,是合理的定价。显然,定价也已经内含在交易方式当中。

从另外一个角度,甲方是否选择和乙方交易,甲方要考虑到两个机会成本:第一,甲方自己的资源能力,如果不和乙方交易,放到别的交易结构,最高的收益是什么,也就是甲方的机会成本;第二,乙方如果不和甲方交易,与其他利益主体(与甲方贡献同质、等量的资源能力)交易时所能获得的最高收益,也就是乙方的机会成本。

因此，任何一个资源能力，在不同利益主体中的抉择收益是不同的，这种收益首先是资源能力与利益主体的相互匹配，这是第 3 章的核心思想；其次则来自对这种资源能力的交易方式。不同的交易方式，就好比是不同的能量开发技术，就算面对同一个对象，能够迸发出来的能量也是不同的。也就是说，利益主体以不同方式交易时，价值增值不同。而这，正是我们要讨论交易方式的意义所在。

第 5 章

商业模式设计工程学原理三

以同样方式交易交易对象的不同属性，价值增值不同

——

在前文我们已经阐述了"同样的资源能力被不同利益主体拥有时机会成本不同"以及"利益主体以不同方式交易时，价值增值不同"，主要着眼点在于不同的利益主体以及交易方式。那么，针对同样的交易对象，价值增值是否就一样呢？

利益相关者之间的交易，在其本质上，都是对交易对象的某一项属性进行定价。房地产开发商拍地，是对这块土地未来有可能建设的住房、商铺进行预期定价；企业招收某一个销售高手，是对他的销售能力进行定价；技术公司买进一项专利，是对专利在企业未来可能产生价值的定价。

即使针对同一个交易对象，由于交易的属性不同，事实上定价会完全不同，产生的价值增值也绝对不同。同样一块地，商业用地、工业用地，是对其不同属性的交易，产生的价值不同；同样一个人，招聘进来，作为销售总监还是营销总监，对具体某个人而言，所能创造

的价值也是不同的；而同样一项专利，买进来后是作为申请高新技术企业的条件，是专利再开发，是专利再销售（单独销售还是打包销售），还是专利转化为产品等，都是对专利的不同属性进行交易，可以产生截然不同的价值增值。

事实上，很多新的商业模式设计，正来自对属性的创造性定价！

这里讲的定价，不只是价格的数量高低，事实上包含了四个方面的确定。

定向。价值的流向如何表现，具体地，收入从哪些利益相关者获取，成本支付给哪些利益相关者，有哪些成本由其他利益相关者承担等。

定性。收支是按照时间计价、按照使用量计价还是按照价值计价（如 EMC、能源管理合同）等。

定量。例如，同样是按照时间，是每天 100 元，还是包月 500 元，就是同个定性里面的不同定量。

定时。同样一笔收入，是提前支付，还是分期付款，或者是分段支付等，支付的时间不同，企业的现金流结构将有差异，会直接影响企业价值。

而传统中的定价，主要指的是“定量”，即确定收支来源、确定收支方式下的价格高低。这是商业模式定价与传统定价的本质性区别。定价方式（包括定向、定性、定量、定时）的不同，最后导致的各利益主体的福利也会不同。因此，如何通过对属性的创造性定价提升价值空间，是属性交易的核心问题。

5.1　属性如何创造价值空间

从客户全生命周期到属性创造性定价

以前的商业设计，关注对客户全生命周期需求的满足，其价值空间的提升主要考虑以下取值的增加：客户规模（更多客户）、客户价值（每个客户的支付价格更高）、客户的消费时间延展（更多时间销售产品或服务）等。其潜在的前提在于对客户提供的是同一个交易属性，可能是某种体验，也有可能是某项功能。

而现在新型的商业设计，应该拓展视角，更多地把价值空间的提升建立在对交易属性的创造性定价上面。意识到这一点，将会为广大的企业家们打开一扇窗，发现一个全新的世界。核心在于，从"熟视无睹"的交易对象身上，发现新的可交易的属性，围绕新的属性设计商业模式，对其充分定价。打破"熟视无睹"，至关重要！

交易对象本身有很多个属性侧面，一直以来，你所交易的那个侧面，是最有价值的吗？

某农业技术公司拥有一项滴灌技术，可以节约水电，在缺水地域可以发挥巨大的社会效益。这家企业一直专注于需要水分供给的大田作物市场，积累了灌溉节水的第一品牌，但公司效益却踏步不前、步履蹒跚、发展艰难。问题在哪儿？如果把滴灌技术可以交易的属性侧面列出来，可以有：节省人工、节约肥料、增加产量、节约农药、节约水电、减少土地盐碱化。从任何一个侧面开始，都有可能设计出一个全新的商业模式出来。

其实，滴灌的多种优点中，对这家企业的目标最终客户——农户而言，最关注、最直接的是"增加产量"，其他的都是附加的价值而已。但如果打造的是"增加产量"的交易属性，农户自然要算核心的投入产出账：一亩小麦亩产多少？增产比例多少？设备投入多少？投入产出是否值得？……

经过计算，一亩小麦亩产价值不到 1000 元，增产按照 30% 计算，设备带来的收益不到 300 元，但是设备的投入折旧也要 200 多元，难怪对农户的吸引力不大。其他的大田作物的投入产出也大体是这个比例。换言之，这家企业多年来考虑的目标市场都是错位的，并没有找准其合适的目标市场，其根本原因就在于没有从滴灌的多种优点中找到最适合交易的属性。一旦找准了交易属性，纲举则目张，需要寻找的目标市场特征也就明确了：附加值高，可以大规模连片作业（滴灌的最优规模在 100 亩以上），价格受当地市场影响较少等。这样一来，大宗经济作物或林业作物就成为合适的目标市场选择。

反过来，交易对象那么多的属性侧面，你所舍弃的那个侧面，是否真的就没有价值？当我们对一个交易对象定义概念时，本身就是在对其交易属性进行选择。在我们选择某个属性的同时，一定是放弃了其他的交易属性，这时候，保持对被放弃属性的敏感性是很有必要的。例如，一说到"垃圾"这个概念，我们对其属性的定义就是丢弃、羞耻、脏乱差等，但在很多环保、废物重复利用行业，就存在很多变废为宝的新商业设计，其价值来自对其交易属性的新开发。TerraCycle 就通过挖掘垃圾的多个交易属性，创造出了与众不同的社会公益模式。

TerraCycle 创立于 2001 年，是一家小公司，却获得了 50 多家行业巨头的支持，这其中包括星巴克、塔吉特、玛氏、家乐氏等。

TerraCycle 做的是变废为宝的创意生意，简单地说：TerraCycle 的雇员把垃圾设计成创意产品，例如糖纸变成铅笔袋，餐厅残渣变成植物肥料等。设计完成后，就交给制造公司批量生产，出厂后放在沃尔玛、塔吉特等连锁超市销售。TerraCycle 的创意产品已经超过 200 种，包括音响、家具、相框、时装、时钟等。

另外，TerraCycle 还为相应的企业提供"企业社会责任"广告的交易属性（保留公司标识）和创造收入的属性（垃圾来源的公司可以获得相应垃圾净销售额 5% ~ 7% 的分成），为热心公益的人创造参与环保的机会，等等。从垃圾原本被大家舍弃的属性上面设计出了新的商业模式，对这些属性合理定价，正是 TerraCycle 的价值源泉。

交易对象很多属性中，原本大家都觉得理所当然不定价的属性，是否真的就不能定价？如果定价的话，能否产生新的价值增值？

任何合约都不是完备的，因此，对某个交易对象的合约规定，一定只是针对其中一部分属性来定价的。那些没有被定价的部分，既有可能被过分使用，例如车辆保险合同如果没有对车辆保养行为在合约中定价，车主就会疏于保养，过度使用保险；没有被定价的部分，也存在二次定价，获取剩余价值的可能性。关注目前还未被定价的属性，对其创造性定价，可能会获取新的价值空间。例如，以前人们的交易过程数据、社交行为数据，都没有被定价，而互联网时代和大数据技术的发展，有可能提升对这些属性的定价，并创造出很多新的行业出来。

在传统的商业时代，我购买到一个产品，觉得不错，推荐给朋友，或者在互联网上发个帖子推荐一下，这些行为都是免费的，都没有被定价。但事实上，这都是有价值的信息，我在互联网上的夸奖或者吐槽，反映了我的喜好，或者我所在群体的喜好；我的推荐，有可能把一个原本不是目标客户的朋友转化为目标客户；我的意见是否得到尊重，会影响到我是否会成为这个品牌的忠实客户……既然有价值，只要交易成本足够低，这些属性就应该被合理定价，并创造出新的价值增值。

事实上，很多新的商业模式就建立在对这些属性的定价上：Google 对我们关注的内容通过广告商的转化进行定价；Facebook 对我们与朋友之间的相互点赞、评论进行定价；未来的微信朋友圈，可能对我们与朋友之间转发、推荐进行定价；小米的产品发布会，对粉丝之间的竞争关系、狂热发烧程度进行定价；供应链金融，对产业链上下游的交易关系进行融资定价……

在传统的商业设计中，更多的是针对客户的全生命周期的定价，考虑的是产品或服务的单一交易属性。而新型的商业设计，应该更多考虑更有价值的交易属性、被舍弃的交易属性、没有被定价的交易属性，是否存在价值提升的可能性。对他们进行创造性定价，是企业价值的源泉。这里面，更需要注意的是，不只要考虑对产品、服务的定价，更重要的是考虑与此相关的利益相关者之间交互信息的定价。随着移动互联网技术的不断演进，这种用户交互的信息，将越来越体现出巨大的价值。而且，大数据技术，使对信息的处理成本越来越低。交易过程体现出来的各种属性、各种信息将越来越重要。而在交易属性定价中，这部分的定价是经常被忽略、却在现今技术条件下创造价值力度最大！上文提到的 Google、Facebook、微信、小米等企业，由于充分挖掘用户之间的交易信息、社交信息、过程数据，而因此获得了巨大的价值增值。

那么，交易属性到底包括哪些？其实质是什么？这需要我们拷问交易的本质。

5.2 何谓交易

新交易理论下看交易属性

传统的交易理论关注的是同一个交易对象，在不同利益相关者心中的评价不同，因此交换可以创造价值。简单地举一个例子，我喜欢吃苹果，你喜欢吃梨子，但我手上只有一个梨子，你手上只有一个苹果，我们交换一下，情况都得到改善。

新交易理论拓展了以前对交易的理解，不但考虑交易对象之间的简单交换，还考虑交易对象结合到一起可以产生的交易新价值。例如，房地产开发商有很强的房地产开发能力，地方合作伙伴有一块地和政府资源，双方的交易并不是简单地指前者把地、政府资源卖给后者（也很难直接达成交易），而是双方通力合作，把房地产开发能力、土地资源、政府资源结合到一起，开发楼盘、商铺，再一起对楼盘、商铺的价值进行切割、分享。

任何一个交易，都涉及三部分，交易主体（利益相关者，如个人、企业组织、政府部门、金融机构等），交易客体（原材料、设备、产品、服务能力等），交易主体与交易客体之间的关系（拥有、控制、可接触、放弃等）。在上一段的例子中，交易主体是房地产开发商、地方合作伙伴，交易客体是房地产开发能力、土地、政府资源等，其中房地产开发商与开发能力是"拥有"的关系，地方合作伙伴与土地是"拥有"的关系，与政府资源是"可接触"的关系等。所谓交易，本质上是重新定义交易主体与交易客体之间的关系。这种对关系的重新定义是可以无限碎片化和聚合的，其原动力来自属性的无限碎片化和聚合。

商业模式是利益相关者的交易结构，因此，利益相关者是讨论交易的核心主体，也就是我们定义的交易主体。当我们讨论一个交易主体，我们关注的是交易主体的属性（包括：资源、能力、利益诉求等），是这些属性定义了交易主体的角色。

其中，资源是静态的，如土地、资金、机器设备等，一般来说，可以和交易主体相对分离。一块土地，从一个交易主体转移到另外一个交易主体，只要是类似的用途，其价值并不会产生太大的差异。

能力是动态的，如投资能力、机会判断能力、研发能力等，一般来说，比较难以和交易主体分离。投资能力的高低，是和某个交易主体挂钩的，很难简单地转移到另外一个交易主体。换言之，如果交易的是一项能力，由于这项能力和拥有这项能力的交易主体息息相关，如何让交易主体充分发挥其能力，是决定交易能否真正有效执行的关键设计。

利益诉求，可以简单地分为个人利益和集体利益。不管是哪种利益，都不是单一的，而是一束，如地位、金钱、荣誉、理想等。一般而言，交易主体并不是简单的一个人，而是一群人的集合。因此存在交易主体中每一个人的利益诉求、交易主体中每一个小群体（有可能分为多个层次）的利益诉求、交易主体整体的集体利益诉求。好的商业模式设计，可以使个人的利益诉求、小群体的利益诉求，最后和集体利益诉求达成尽可能多的同方向一致，而尽可能少的反方向阻力。

在交易主体的三个属性中，资源、能力属性实质上与交易客体相关，因此，也是交易客体的属性。交易主体与资源、能力的归属关系定义了潜在的价值创造能力。这种价值创造能力存在经过重新定义关系（交易主体与交易客体的关系）而提升的可能性，这就是产生交易的原因。这种重新定义归属关系的过程，必然会影响到交易主体内部的利益诉求重构。如果其价值创造方向与利益诉求方向是一致的，交易就有可能达成；如果不一致，则很难达成。

换言之，实际上存在四种交易对象属性：资源、能力、归属关系、利益诉求。其中，资源、能力与交易客体关联（事实上也通过归属关系与交易主体关联），利益诉求与交易主体关联，归属关系与交易主体、交易客体都关联（见图 5-1）。

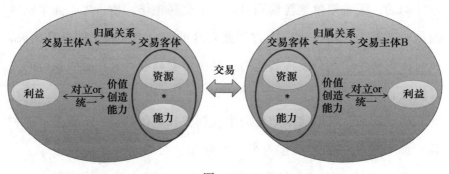

图　5-1

正如前文所言，与传统交易理论只关注交换不同，新交易理论考虑到属性，非常重视属性（资源、能力、归属关系、利益诉求）结合到一起可能创造新的价值增值。这些属性的结合，有时候可能需要打破时空的限制，从而产生一些交易成本，但只要创造价值高于交易成本，这种商业设计就有利可图。民间高手的创意属性和全球市场的商业实现属性的结合，可以产生巨大的价值增值，小蜜蜂网就从中设计出很棒的商业模式。

印度有一位古普塔教授，在 1988 年创立了一个公益组织——小蜜蜂网（Honeybee Network）。多年来，这个网站已经记录了十多万项发明创意。有一些发明绝对让你惊叹。例如，有个农民把压力锅加上蒸汽管和阀门，居然变成了咖啡机，可以煮特浓咖啡，竟只需花费几百卢比！

古普塔为小蜜蜂网设计了一种叫作 G2G 的模式，即从草根（Grassroot）到全球（Global）。草根有创意，但缺乏高效、有效的市场；反过来全球有广阔的市场，在某些创意上却不如民间的高手。小蜜蜂网就要把他们连接到一起。

小蜜蜂网招募了很多志愿者会员，包括教授、科学家、个人研究爱好者、记者等个人会员，大学、公益组织等机构会员。每年举行两次大型活动，每次为期一周，参加会员数在一两百名。这些会员步行走访村庄，收集农民发明的创意。这些收集起来的发明创意，都会按照一定格式存入小蜜蜂网的数据库，只要登录网站就可以查阅到这些信息。发明者的联系方式也会放在记录中，方便感兴趣的人联系。

小蜜蜂网帮助农民把发明创意商业化，使农民实现创富。一些好的创意，小蜜蜂网还会找科学家一起改进，以便更好地推向市场。此外，它还帮助农民申请专利或者撰写商业计划书。例如，有位农民发明了一辆 10 马力的拖拉机，成本更低，而且操作很方便。而当时市场的主流拖拉机至少也是 24 马力，售价约 5000 美元，很多农民作为个体无法承担。小蜜蜂网通过合作机构把这个发明授权给工厂生产、销售。发明者从中获得的发明授权费和销售佣金分成，接近 3000 美元。

小蜜蜂网还在网站上支持发明者发问，就自己发明中遇到的问题向全世界的科学家、教授请教，以完善自己的发明。G2G，从草根到全球，从全球到草根，这种互动越来越高效，越来越频繁。

在有交易属性视角的企业家眼中，这个世界是高度碎片化的，任何交易对象、交易对象的任何属性，都可以无限地切割细分下去；在有交易属性视角的企业家眼中，这个世界又是高度聚合的，这些碎片化的交易对象、交易属性，都可以按照理想的商业设计，按照新的标准，重新聚合在一起。农村的交易对象何其多，即使关注到农民，身上又存在有多少交易属性，把他们打散了，都是碎片化的存在；但是关注到创意，考虑到如何把智慧凝聚到一起，创造出巨大价值，又可以通过设计一个集约化的双边市场网络平台来聚合这些碎片，为交易创造条件。其他对志愿者、科学家、全球市场的设计，无不来自对这种交易属性的敏感，对这种碎片化、聚合可能性的高度觉察。

详细解释如下：

第一，资源、能力、归属关系、利益诉求，都可以碎片化的切割。例如，利益就有存在个人利益、小群体利益、集体利益等。

第二，不同属性之间关联在一起，其聚合之后的价值创造能力是不同的。例如，同样一块土地，在一个农民手中与在一个房地产开发商手中，其价值是不同的。

第三，资源、能力、利益诉求以及所反映的交易主体、交易客体的归属关系不同，其价值不同。如果某个交易主体拥有一个能力，但其利益诉求并没有得到反映，他就会在低水平下运用他的能力，从而不能发挥出该能力真正的价值。因此，把恰当的资源能力、利益诉求配置到恰当的归属关系很重要。

综上所述，把资源、能力碎片化，按照最大的价值创造能力重新聚合；根据新的聚合方式，设计新的归属关系；碎片化利益诉求，按照最大化价值创造的要求，重新设计利益结构。这样，就有可能设计出新的商业模式出来。

5.3　属性如何碎片化

静态的组成部分、部分之间关系、对其他人的价值等；动态的潜在与显现、存量与流量等

交易属性的碎片化可以沿着两条路径进行：静态路径；动态路径。

所谓静态，指的是不考虑时间轴的变化，只是在具体某个时间点来分析交易属性。在静态上，一个交易属性可以从组成部分、部分之间关系、对其他人的价值等分析切割。

例如一个店面，按照组成部分可以分为地段，物业（所有权、经

营权、租赁权等），设备，人员（店长、财务人员、销售人员、配送人员等），空间等，按照部分之间关系可以分析设备与空间的关系、店长与财务人员的关系、地段与物业的关系、物业租赁权与店长的关系等，按照对其他人的价值可以分析地段对竞争对手的价值、对消费者的价值；社区店面人员对大卖场人员的价值等。

在对其他人的价值分析上，不但要考虑组成部分对其他人的价值，也要考虑部分之间关系对其他人的价值。例如，店面人员与消费者之间的交互，就有可能延伸基于地点的、基于时间分布的信息，这部分数据相信对很多搜索网站、电子商务平台、社交网络都是很有价值的，可以给公司总部提供价值，也可以交易给第三方。

某运动品牌通过对其各个门店的产品陈列、人员匹配、地段、销售信息、促销活动等一系列的数据采集，形成了很多有价值的数据结论：哪一款产品陈列在哪个货架的销售量会更好，哪个时间段销售什么产品更容易，下雨天和晴天会有什么不同，哪个客户群体会更适合哪种销售方式，这些结论分别在街边店、商场、社区店会有什么不同等。进一步地，通过网上商城和现场数据的采集，总部还可以发现哪些产品是经常关联销售的，客户的评价会对其好友的购买产生什么影响，等等。总部把这些数据结论拿来指导加盟分店的运营，各个分店的销售额因此提高了 20%。

通过分析店面的各个组成部分，分析这些组成部分之间的关系，并从中得到数据结论，挖掘这些数据结论对分店的价值，从而助益了分店的发展。而这些数据采集、挖掘和应用的投入，对于总部来说是合算的，具备规模经济；但对于分店来说却不合算。总部通过这种独占性的价值提升能力，提升了它对分店的把控力，使分店与总部的关系更加密切。

所谓动态，指的是考虑到随着时间的推移，属性会发生哪些变化，可以分为潜在与显现、存量与流量等。换言之，随着时间的推移，可以把潜在的属性变成显现的属性，把显现的属性变成潜在的属性。或者，把存量变成流量，把流量变成存量。

例如，一个歌手，在没有出名之前，其显现价值属性很低，但其潜在价值属性却可能较高，当然在潜在属性和显现属性之间存在风险，也就是不确定性。按照其显现价值属性交易则价值太低，按照其潜在价值属性交易则可能有价无市。通过商业设计，采取类似于 VC-IPO 分段融资的方式，就有可能解决这个问题，使其潜在价值属性和显现价值属性都得到较为合理的定价，Octane 通过分段配置风险，就把传统的唱片公司玩出了新花样。

Octane 是一家只有 16 个员工的小型唱片公司。然而，根据《财富》杂志报道，这家小公司在不到 10 年时间，发布了 9 张专辑，其中 3 张获得白金唱片奖（销量达到 100 万张）。与动辄签约艺人达到数百位的著名唱片公司相比，Octane 的成绩可称为奇迹。

Octane 是怎么做到的？

要捧红一支乐队，无疑需要投入很多营销资源、资金等，风险极大。而且随着乐队知名度的提高，虽然收益更高，但是后续的资金投入更大，当然，由于此时乐队已经有一定知名度，风险也相对下降。

Octane 做了两阶段的商业设计：第一阶段由 Octane 主要操盘，在乐队还没出名的时候跟乐队签约，花钱为乐队做市场推广，当乐队成长具备一定知名度后（例如，唱片发行量超过 7.5 万张），就进入第二阶段；第二阶段，Octane 和大型唱片公司以各占 50% 的比例合资。成长期的乐队出让给合资公司，乐队的所有成本均由大型唱片公司承担，利润则按照合资比例五五分账。

对大型唱片公司而言，要承担全部乐队成本，却只能获得 50% 的利润，表面看并不合算，为什么还会选择与 Octane 合作？这里面的关键在于乐队的前提投入有巨大风险，大型唱片公司签约数百人，有可能最后成才者却寥寥无几。与 Octane 成立合资公司，获得的艺人都是有一定知名度的，安全边际较高，其收益更为保险。

对 Octane 而言，和大型唱片公司的合作降低了后续的大资金投入，而且大型唱片公司毕竟在营销资源、发行渠道等方面有更优质的资源。与其被动接受艺人跳槽，不如主动为他们安排出路。

事实上，Octane 类似于艺人的风险投资机构，大型唱片公司则类似于专注 Pre-IPO 的私募股权机构。把交易风险分阶段配置，Octane 和大型唱片公司各得其所。

存量、流量同样可以转换。存量指的是某个时间点的总规模，流量指的是在一个时间轴上每个时间点的规模流图谱。很多商业模式的设计，关键就在于解决存量属性和流量属性的不匹配，或者故意设计这种不匹配。

例如，对一个设备的拥有，是一个存量属性，但这个并不是交易的真实属性。工厂想要获得的交易属性，是产能的流量属性。如果希望工厂获得流量属性，降低工厂的一次性购买，可以采取融资租赁，让工厂获得流量属性。反过来，如果想使工厂路径依赖，则可以通过降低门槛，设备进入工厂，形成存量，作为战略不动产，阻止竞争对手进入。利乐的做法类似于后者。

在乳业巨头们打得热火朝天的时候，利乐通过优惠的"80/20"的设备投资方案进入乳业巨头的工厂：客户只要付款，就可以安装设备，此后 4 年，每年订购一定量的利乐包装材料，就可以免交其余的设备款。这样客户可以用 80% 的资金去开拓市场，或投资其他项目，成功缩短资金运转周期！而利乐的这种"捆绑"销售模式，使利乐设备迅速扩大了市场份额，成了所有牛奶生产厂家的投资首选，并且成功地把竞争对手关在了门外。

同时，利乐通过"条形码灌装机"的专利，使其他品牌的"包装材料"无法在利乐的设备上使用（利乐包装材料上的条形码，含有最终成品的信息，当灌装机工作时，要读取其信息，来确定灌装的容量及品种），利用这种技术使客户的包装纸选择产生对利乐的"路径依赖"，改弦更张的转换成本高昂。

利乐的存量设备市场，因此构成其商业模式的战略不动产，让工厂无法更换设备，竞争对手难以进入。此时，牛奶成套灌装设备已经涨价到数千万元，如果全部更换设备，乳业企业就要面临破产清算的风险。

尽管工厂需要的是流量属性，但利乐却通过提供存量属性，故意设计这种不匹配性构建战略不动产，获得了巨大的价值增值。

通过静态路径（组成部分、部分之间关系、对其他人的价值等）和动态路径（潜在与显现、存量与流量等），我们有可能拓展交易对象的交易属性，实现价值再发现，或者价值再创造。

5.4 属性间如何聚合

叠加、伴生、互补、乘数、指数等

通过前面的新交易理论阐述，我们理解到：属性切割的价值，在于属性之间的结合可以创造新的价值空间。因此，分析属性之间的关联非常有价值。属性之间的关联有很多种可能，这里仅列举五种：叠加、伴生、互补、乘数、指数。

叠加，指的是两个属性之间是一个加法的关系。例如，你有 400 万，我有 600 万，加到一起，我们可以进行 1000 万的投资。很多并购就是来自于市场的合并，当年分众收购框架媒体、收购聚众，广告位置大大增长，对分众、聚众、框架而言，它们之间的广告位置属性就是可以叠加的。这种叠加还可以是同一交易对象不同属性的叠加。例如，客户即设计师，客户即销售员，客户即媒体等，都是移动互联网下新商业设计的典范！

伴生，指的是两个属性在时间上具有同时发生、协同叠加的特征。这就存在其中一个免费，另外一个收费的可能性，这种"交叉补贴"的新盈利模式受到很多互联网公司的青睐。例如，对搜索行为而言，至少有两个属性，其中一个是客户希望获取到的信息，另外一个是商家想得到的关注度，这两个属性由于搜索行为而伴生在一起，是同一时间产生的两个属性，因此可以分开定价，针对客户希望获得信息免费，针对商家想获得关注度收费，各得其所。

互补，指的是两个属性在一起，可以产生"1+1>2"的效果，但也不会达到好多倍的效果。例如，在以服务为主导的模式下，IBM

的每个销售团队都最少拥有 4 个人：一个销售人员、一个服务人员、一个软件人员、一个研究人员。IBM 内称之为"四合一"。这个团队将全程跟踪客户的整个服务项目过程［包括 plan（计划）、build（建设）、manage（管理）和 run（运营）］。他们之间的结合，是一种互补的关系，效益属于"1+1+1+1>4"。

乘数，指的是两个属性放在一起，是放大（或者缩小）的关系。例如，一个投资经理具备优秀的投资能力，如果遇上一个企业家，愿意给他十亿元的资金。优秀投资能力和资金规模（或者优秀的募资能力），就是一对乘数的属性。对具备投资能力和具备募资能力的利益相关者而言，找到对方都是至关重要的，因为对方给自己带来的是倍数的价值。这也是很多有能力的人寻求高平台的原因所在，因为平台可以将他的能力放大，将一个人的能力扩大为一个体系化的能量，创造更大的价值增值。

指数，指的是两个属性放在一起，其价值能产生量级上的跃升。例如，100 个人、互联网社交行为，这两个属性在一起，就会产生几何级数的价值提升，与单独 100 个人所产生价值的差异相比，简直无法想象，这也是 Facebook、小米引起诸多追捧的原因所在。在移动互联网的背景上，叠加了地点属性，叠加了时刻在线的属性，可以把社交行为属性的指数提升几个级别，很多投资大佬看好移动互联网（微博、微信、智能终端等）远远超过互联网的原因正在于此。

对企业而言，从自己的交易属性出发，寻求可以与自己产生叠加、伴生、互补、乘数、指数关联的属性，从而追溯到利益相关者，是商业模式设计的一个可行路径。需要指出的是，这些属性，也未必是需要全部交易，只交易一个对象中一个属性中的其中一部分也是可行的。宝洁的联合开发正是对智力交易属性的其中一部分进行交易，效果显著。

2000 年，雷富礼被任命为宝洁公司新 CEO，上任第一件事就是大刀阔斧整顿研发部门。他提出"开放式创新"的概念，把研发（Research & Develop）改名为联发（Connect Develop），创立了一家类似创意集市的网站，在上面发布解决办法的需求信息，寻求回应。雷富礼当时预计到 2010 年引入 50% 以上的外部创新，事实上，这个目标在 2006 年就提前实现了。

2007 年，宝洁建立了"C+D"英文网站，遍布全球的研发人员可以提交方案，并在八周内得到回复。网站上线一年半就收到来自全球各地的 3700 多个创新方案。从 2004 年到 2008 年，宝洁公司的研发投入不断增加，但其投入占销售额比例却从 3.1% 下降到 2.6%。开放式创新取得了巨大的成功。

宝洁曾做过一项内部调查，发现公司投入巨额研发资金，但其专利却只有 10% 用在企业产品上。因此，"C+D"网站还负责出售宝洁自己的专利，这部分也获利不菲。

这种联合开发无疑是把个人的智力属性和宝洁的商业实现属性做了一个乘数的关联，并且，对个人的智力属性只交易其在宝洁线上接触的部分时间，而不是全职招聘。现在很多智力资本平台，如格理集团、猪八戒等，则增加了社交功能，尝试对智力属性与商业实现属性做指数的关联，这都是很有益的商业探索。

5.5 归属关系与利益诉求

属性的缩减、延展与剩余分配

在完成对属性的碎片化、聚合之后，属性已经有了很多创造性定价的可能性，这时，就要根据商业模式设计的目的，对这些广泛的定价可能性进行合理选择。

商业模式是利益相关者的交易结构，其本质是对交易对象的交易属性进行定价。能否对交易对象尽可能多的属性做更充分的定价，是决定商业模式价值增值大小的核心能力。具体而言，在商业模式设计中，根据商业模式设计目标的不同，可以对交易属性做缩减与延展。其中，对某些交易主体，归属关系简单更好，对属性的缩减是为了降低交易成本，降低讨价还价、执行难度；对某些交易主体，归属关系多重性更好，对属性的延展是为了提高交易价值，为了实现多重锁定、多元化盈利。这都可以实现和核心的交易主体更容易达成利益共同诉求，提升价值创造。

所谓缩减，是从提升交易效率的角度出发，只交易与商业模式设计目标相关的属性，甚至该属性的其中一部分，而非全部交易。对于与商业模式设计目标无关的属性，涉及的越少越好。这样可以集中力量，更容易达成交易。艾格菲买猪场，只收购生猪的产出价值流，而不要猪场的整体所有权，把其他价值属性依然留给原来的企业主。

艾格菲是一家生产猪饲料的上市公司。上市后筹集一亿多美元资金收购猪场，但其收购方式却很有意思：养猪场的固定资产仍然属于原企业主所有，屠宰、销售也保留原有渠道。

艾格菲实质上只是承包猪场，负责技术和财务。它和猪场签订两个协议："生猪收购协议"和"租赁协议"，买断了所有生猪的经营权。

这种操作方式不但降低了收购的成本支出，还大大降低收购过程的谈判难度。从 2007 年通过上市公司筹集资金收购猪场开始，两年时间，艾格菲就收购了 40 多家猪场，2009 年一年出栏 68 万头生猪，在当时猪肉价格一路飙升的大环境下，生猪销售收益超过 1 亿美元，占总收入比例超过六成。

收购这些养猪场，对艾格菲原有业务也起到了很好的支持。饲料厂商和养猪场一般都是直销的关系。被收购的猪场，本身就变成了艾格菲一个巨大的客户。据《福布斯》公开数据显示，被收购猪场必须采用艾格菲的饲料，其饲料总购买量，超过艾格菲饲料总产量的 40%。与此同时，艾格菲的销售费用占总收入的比例从 2006 年的 15% 一路下降到 2009 年的 2%。

对艾格菲而言，它要获取的并非猪场，而是其中的生猪经营权，以及带来的饲料销售。换言之，对它而言，经营权本身比所有权更有价值。对很多拥有养猪场的企业主而言，所有权也更为敏感。不涉及所有权，不但艾格菲的收购成本降低，而且更容易获得养猪场企业主的支持，又不妨碍实现自己真正的经营目的，何乐而不为？

近些年，随着智能手机的爆发，苹果公司采取"软一体化"的商业模式（任何活动，都存在输入、处理、输出三个环节。软一体化，指的是对活动而言，只控制其输入、输出环节，而把处理环节交给合作伙伴），对与之合作的元器件供应商、代工厂、应用开发商等，都只是交易其最想获得的属性，而对与此无关的属性则基本不交易，形成了一条凝练、高效的价值运营链。

所谓延展，指的是针对关键的交易对象，很难从单点上影响和控制，这时候要多涉及几个交易属性，形成多点影响和控制。很多整体解决方案、一站式购买等，都是为了用多个交易属性来影响客户，与客户建立多点的连接。

同样是苹果，为了与客户产生更多的连接，不但持续推出新产品iPod、iPad、iPhone、mini iPad 等，而且通过 iTunes、App Store 等音乐和应用使客户产生依赖感；不仅在一个设备上绑定，还通过云服务实现更换设备时的快速信息转移……任何一个交易属性，用户都可以找到替代者；但这么多交易属性结合到一起，就建立起了用户深度习惯的生态系统，这时候，用户迁移的成本将不断提高，而转移的可能性也就越来越低。

对企业家而言，如果能够理解交易属性背后的逻辑，会对交易属性做切割和关联，明白在什么情况下要进行交易属性的缩减，什么情况下要进行交易属性的延展，就有可能设计出合理高效的商业模式，最终实现高企业价值。不管是切割、关联、设计，交易属性的定价可能性是无穷无尽的，对企业家而言，一方面可以从中发现更多交易结构的可能性，提升信心；另一方面，始终要把实现更大价值增值作为一个准绳，在这些众多可能性中保持冷静，找到最合适、最高效的那个商业设计。

归属关系与利益诉求的第三个议题关于剩余分配。

任何一个利益主体，当参与一个交易结构时，只是贡献某些属性，而不是整体。不同属性对交易结构的产出影响不同，而被利益主体所放弃定价的属性本可以获得一定收益，但可能由于两方面原因而难以定价：第一，该属性的定价成本太高，因此只能以容易定价的其他属性交易；第二，该属性与其他属性无法同时定价，只能选择对其中一个属性定价。

合理的利益分配机制，应该是将较多剩余收益配置给对交易产出影响较大的一方，同时超过该利益相关者投入的全部属性的机会成本。

例如，某农户参与养殖合作社，由于其养殖能力对产出影响较大，所以必须给其匹配相应的剩余收益索取权；同时，为了参与合作社，该农户放弃了自己养殖、其他务工收入等，因此，只有在合作社的剩余收益超过自己养殖、其他务工收入等属性（不同属性之间不一定可以同时定价；如果两个属性不能同时定价，则只能择其一定价）的机会成本总和时，养殖户才愿意参加合作社。

再如，某投资人的投资能力很强，专门负责某个产业投资基金的投资决策。由于其投资能力对产出影响比较大，所以应该获得匹配比例的剩余收益回报。同时，该投资人为了专门负责投资决策，需要关停其他参与的业务。虽然那些业务并没有参与投资这个交易结构，但属于投资人的机会成本。只有在获得的剩余收益超过关停业务的机会成本（以及其他可能存在的机会成本）时，这个投资人才有参与这个投资交易结构的意愿。

对于被放弃完全定价的属性而言，如果这些属性事实上对其他利益主体很有价值（又无法完全阻止其他利益主体参与分享这些价值）

的话，那么，拥有这些属性的利益主体就有可能和其他利益主体组成一个企业组织，将这些放弃定价的属性变成企业组织公用的属性，从而提高所有利益主体的福利：通过组织公用，原有利益主体对这些属性进行了更为充分的定价；其他利益主体则更为方便地分享这些属性所带来的价值。换言之，企业组织的存在，在很大程度上，是由于要将某个利益主体无法充分定价的属性纳入公用领域。

　　因此，对交易结构而言，不但要对利益主体贡献了哪些交易属性保持敏感（其贡献匹配收益），还要对利益主体因此放弃了对哪些交易属性进行定价保持关注（这些放弃与机会成本的计算相关）。唯此，才有可能正确评估利益主体的付出与回报，构建起结构相对动态稳定、可持续发展的商业模式。

第6章

商业模式设计工程学设计规则

——

在前文中，我们已经阐述了三个商业模式设计工程学原理。

原理一：同样的资源能力被不同利益主体拥有时机会成本不同。

原理二：利益主体以不同方式交易时，价值增值不同。

原理三：以同样方式交易交易对象的不同属性，价值增值也不同。

在这三个原理中，事实上都和利益主体、资源能力之间的组合有关。只要改变利益主体、资源能力之中的任何一个或者利益主体与资源能力之间的交易方式，本质上就实现了商业模式设计。因此，根据这三个原理，我们可以推导出四个更为直接的设计规则，用于指导商业模式的设计。这四个设计规则如下。

设计规则一：通过增减利益主体可以实现不一样的价值增值。

设计规则二：通过增减利益主体的资源能力可以实现不一样的价值增值。

设计规则三：通过分割重组利益主体和其资源能力可以实现不一样的价值增值。

　　设计规则四：通过以不同交易方式重新配置利益主体拥有的资源能力可以产生不一样的价值增值。

　　另外，我们还发现，不同来源的资源能力是不平衡的，存量的资源能力组合，往往比从零开始构建的资源能力组合会实现更大的价值增值，也就是我们经常讲的：借势而非造势。因此，我们有设计规则五。

　　设计规则五：通过充分利用利益主体的存量资源能力，而非从零开始构建资源能力组合，其价值增值更大。

　　而当利益主体与资源能力匹配到一起的时候，如果资源能力的效率会受到利益主体主观意愿的影响，那么利益主体是否能够获得更多剩余收益索取权，也将对价值增值产生巨大的影响。因此，我们有设计规则六。

　　设计规则六：把更多剩余收益配置给对结果影响大的利益主体，其价值增值更大。

　　和抽象的三个原理不同，设计规则更加具体，每一条规则对应的是单一的动作，可以直达商业模式设计。当然，其背后逻辑也更加直接、通俗。接下来我们将做更为详细的阐述。

6.1　设计规则一

　　通过增减利益主体可以实现不一样的价值增值

　　根据原理一，同样资源能力被不同利益主体拥有时机会成本不同。增加利益主体或者减少利益主体，都意味着资源能力的分配将产生变化，因此将导致价值增值的变化。

在一个交易结构中，任何利益主体的出现都有其承担的交易角色，或者是为了提升交易价值，或者是为了减少交易成本，又或者是为了降低交易风险。恰当地增减利益主体，可以改变交易结构的价值、成本、风险取值，从而影响交易增值。

星巴克在开店扩张的历程中，其对实物期权的灵活设计得到很多企业家的赞赏。简单而言，这是一个把"加盟"逐渐转换为"直营"的巧妙设计。

大家都知道，连锁经营，除了标准化和统一后台管理，另外一个经营决策难点就是对"加盟"和"直营"的平衡把握。加盟比较容易扩张，投入也少，但总部获利也低；直营的收益一般较好，但投入多，风险也大。

星巴克对新兴市场采取的方式是：首先加盟，由加盟商投入，同时设定几条增持股份的业绩线。当达到参股业绩线时，星巴克可以溢价（一般为 6～8 倍）参股；当达到控股业绩线时，星巴克可以溢价控股，合并报表，直到最终全资控股。通过这种交易结构的设计，星巴克可以收获门店业绩上涨的溢价空间，体现在上市公司业绩中；如果没有达到业绩线，则不用参股、控股，门店的业绩并不反映在上市公司，可以有效控制资本风险。另外，由于有大批加盟门店在未来有可能转换为参股、控股、合并到上市公司报表中，星巴克的股票在资本市场上就有很好的升值想象空间，前几年其市盈率长期高于 50 倍。星巴克因此可以通过股票换股收购降低收购成本，减少现金流支出。

在星巴克实物期权的交易结构设计中，有一个利益主体的增加，是值得一提的，这就是星巴克在各地的代理商，如广州美心。这些代理商协助星巴克在各地开设加盟店，星巴克的实物期权设计实质上是和代理商交易的。为什么呢？原因有三。

第一，星巴克在全世界各地的加盟店成千上万，如果一家一家的谈判，谈判对象繁多，交易成本巨大。引入代理商后，变成二级加盟结构，谈判对象大大减少，交易成本大大下降。

第二，当地的代理商一般都有各种当地资源（政府关系、商务资源、人脉等），这可以为星巴克的本地化扩张带来很多便利。

第三，随着拥有店面时间的增加，有些星巴克的加盟商可能会对店面产生感情，从而不愿意被参股、控股。对于代理商而言，由于是纯粹的财务投资者，则一般不会有这种问题，这也是引入代理商的一个关键原因之一。

事实上，在很多具体交易结构的设计中，为了提升价值增值，引入新的利益主体并不少见。

由于中央土地确权政策的放宽和各种农业技术、管理流程的提升，农业成为一个创业、投资热点，土地流转成为一种主流模式。

但农业商业模式需要和当地各种利益主体打交道，而且土地分散，农户众多，和农户直接谈判的传统土地流转模式交易成本并不低。为此，很多新型的土地流转模式引入当地政府，设计两级流转制度：农户把土地流转给当地政府，企业再从当地政府手中流转得到土地。这种设计和星巴克"二级加盟"的代理商制度有异曲同工之妙，也可以大大减少谈判对象，降低交易成本。

商业模式既是利益主体之间的组合，又是资源能力之间的组合，同时也是它们交易关系的组合。同个利益主体，拥有不同的资源能力，其对交易结构的价值增值不同；反之，同个资源能力，被不同利益主体拥有，其对交易结构的价值增值也不同。增减利益主体，事实就改变了利益主体和资源能力的交易关系，最终的结果是价值增值不同。

6.2 设计规则二

通过增减利益主体的资源能力可以实现不一样的价值增值

每一个交易结构都需要一些资源能力的组合，根据原理一，这些资源能力由不同利益主体拥有时其机会成本不同，因此增减某个利益主体的资源能力，或者分解转由其他利益主体承担，或者简约不再需要该资源能力，其价值增值都会产生变化。

首先是减少。

每一个利益主体都拥有很多资源能力，交易结构只能交易其中一部分。让某个具体利益主体"能者多劳"未必是最有效率的交易结构安排，或者，换言之，对具体某个利益主体，未必是放到交易结构里面的资源能力越多越好。很多时候，我们所讲的瓶颈指的是薄弱环节，但实际上，太强的环节也可能是瓶颈。因为，如果承担了太多的资源能力要求，该利益主体的能力就很难做到体系化、复制化，这就会成为整个结构的瓶颈。

以传统培训机构为例，发展壮大，最大的瓶颈其实来自名讲师。因为名讲师需要承担很多资源能力的投入，需要有原创理论，会讲课，承接咨询项目，谈单。当一个利益主体需要承担多项任务时，一方面他的精力无法满足效率的持续提升，多任务其实意味着低效率；另一方面，这也为资源的体系化、复制化造成障碍，一位名师一年最多只能讲课 200 天，作为交易结构就很难扩张。

某培训机构尝试一种新的交易结构，给讲师的资源能力投入松绑。名师只需要推出原创理论、指导课件设计、培训讲师就可以了，课件设计交给专业的设计公司，一般讲师只负责讲课，不需要有原创理论，也不需要有太深刻的理论功底。一位名讲师复制几十个一般讲师问题不大，机构和名讲师之间可以谈一个利益分配机制。这样一来，名讲师的资源能力投入少了，可以把更多精力放在更有优势的原创理论研究上，课程质量更高；对机构而言，也因此摆脱了对名讲师的人数限制，可以把更多精力用于拓展市场，从而也有更多的利益分配给名讲师；一般讲师也因此得到了成长，获得了收益。可谓是多方共赢的商业模式设计。

减少了资源能力投入，反而换来交易结构的扩张，这并不是个案。事实上，很多商业模式的设计，都需要这种化繁为简的思维视角。

其次是增加。

反之，某些利益主体，由于新增加的资源能力可能与原来的交易结构有一定协同效应，则可以考虑增加其资源能力。例如供应链金融，充分利用了供应链上下游的信用、信息、仓储等联动信息，从而提升了对上下游利益主体原有资源能力的再开发，向其叠加了更多的资源能力（信用背书、交易数据、仓储信息等），但并没有增加太多额外成本，很好地实现了产融结合的目的。

对利益主体增加或者减少资源能力的抉择，其逻辑来自原理一，即相同资源能力被不同利益主体拥有其机会成本不同。叠加资源能力，主要是思考与利益主体原有资源能力组合是否可以形成协同效应，达到"1+1>2"的效果；减少资源能力，则反过来是为了化繁为简，考虑单一，实质上是把不能协同的能力拆开，使关键的资源能力可以更好地简单复制，实现商业模式及其价值增值的复制、扩张。

6.3 设计规则三

通过分割重组利益主体和其资源能力可以实现不一样的价值增值

根据原理一和原理三，资源能力被不同的利益主体拥有，交易其利益主体的不同资源能力，价值增值都不同。因此，通过将利益主体和资源能力相互切割开来，再重新组合到一起，就有可能产生完全不同的价值增值。

这种分割，对利益主体而言，可以从很多视角：不同层级（个人、部门、企业、行业组织、国家等），不同角色（投资、经营、管理、社会公民、纳税等），不同关系（治理关系、交易关系、管理关系等）。对资源能力而言，同样可以从很多视角：功能（吃、穿、住、行、乐等），规模经济程度和范围经济程度（门店级别、分公司级别、总公司级别），稀缺性等。分割之后，再重新组合，这就会有很多很多种可能的选择，不同的选择其价值增值都不同。

2000 年之前，饲料行业，基于以下原因，长期处于碎片化竞争的格局。

第一，饲料属于大宗农副产品，物流成本在其成本中占比较大，其运输半径一般不能超过 500 公里，否则就很难实现有效率经营。

第二，农户大多数都是散户经营，其购买存在小批量、分散化的特征。

第三，当时饲料并没有存在强势品牌，相对有品牌的商家由于运输半径的问题，扩张也基本采取外地建厂、区域经销方式，和当地小品牌相比，在产业结构效率上并无明显优势，无法形成规模优势。

当时有些品牌饲料企业采取"公司＋农户"的模式，向农户提供种苗、养殖技术、防疫等整体服务方案，并对农户的养殖产出包销，从而形成对饲料的稳定供应渠道。但这种方式经常会遇到农户的机会主义，农户如果产出不高，会将责任归到公司，某些农户会在市场行情好的时候自己销售，而在市场行情不好的时候卖给公司，甚至把不是公司提供种苗的猪卖给公司。

不管是经销方式还是"公司＋农户"模式，在资源能力与利益主体之间的组合上都难言达到最优，经销方式形不成规模化，无法对经销商形成有效市场掌控力；"公司＋农户"形成了一定规模经济，但在风险把控上对农户的机会主义又有心无力。

后来，某品牌饲料公司探索了一种新的方案，可算作进化的"公司＋农户"模式。这里面涉及对几个利益主体和资源能力的分割重组。

第一，是把养殖户分为专业户和散户。专业户的规模较大，养殖经验丰富，不管是在市场诚信还是示范效应上，都可以产生较好的影响。该公司找到养殖专业户，发展为经销商，通过其销售饲料给散户，组织了"养殖户共同体"。对一些较有能力、服从管理的散户组织成一般核心户。

第二，对养殖户的功能做一定切割重组：繁殖育种由一般核心户负责；畜苗培育和育肥由专业户负责；最后的育肥出栏则由散户负责。

第三，组织大型屠宰场和整合猪肉销售渠道为"养殖户共同体"服务，形成整个链条的闭环。

第四，对某些"养殖户共同体"组合条件不成熟的地区，则在当地发展有一定规模的兽医机构、农资销售渠道参与经销，并通过销售信息提供部分联系融资功能，提高把控力，同时，与前述"养殖户共同体"一样，组织、联合大型屠宰场和整合猪肉销售渠道。

通过这种方式，该饲料公司获得了较大的发展，其规模经济发展越来越大，成为饲料市场上一支不可忽视的力量。跟原来的模式相比，饲料公司、养殖专业户、养殖散户、大型屠宰场、猪肉销售渠道、兽医机构、农资销售渠道及其资源能力组合都通过分割之后进行了重新组合。例如，养殖专业户在模式设计之前，只负责养殖，而且一般是全链条环节养殖；而在模式设计之后，负责养殖和饲料经销，其养殖主要集中在畜苗培育和育肥环节。这种模式无疑将养殖专业户的专业能力、当地影响力、富余资金更好地转化为市场力量，为饲料公司的区域拓展提供了很大的助力。

后来，这种对利益主体、资源能力分割重组的交易结构设计也逐渐成为饲料市场的主流模式，原因正在于这种模式可以有效地、高效地撬动不同利益主体的资源能力，使其效率比原来更优化。

对利益主体和资源能力的分割重组，其实是将缺乏效率的利益主体、资源能力组合打散了，按照规模经济、范围经济的效率重新组合，这无疑将实现更高的价值增值。

6.4　设计规则四

通过以不同交易方式重新配置利益主体拥有的资源能力可以产生不一样的价值增值

根据原理二，交易方式发生变化，价值增值不同；根据原理一，资源能力被不同利益相关者拥有，机会成本不同。根据以上两个原理，可以推出本设计规则：以不同交易方式重新配置利益主体拥有的资源能力，其价值增值不同。

所谓交易方式，指的是三种关系：利益主体与资源能力之间的连接关系；利益主体与利益主体之间的连接关系（包括治理关系、交易关系）；资源能力与资源能力之间的交易关系。

利益主体与资源能力之间的连接关系可以有控制、拥有、使用、投资等。

利益主体与利益主体之间的连接关系可以是市场交易、所有权控制、层级指令、智力支持、协作等。

资源能力与资源能力之间的交易关系可以是互补、叠加、乘数、指数等。

通过改变以上这些关系，就改变了利益主体与资源能力之间配置的交易方式，从而可以使交易结构发生变化，导致价值增值不同。SolarCity（太阳城公司）创新金融运作模式，在很大程度上就是灵活地设计了不同的交易方式。

SolarCity 为普通居民、学校、非营利组织及政府机构等提供低价的光伏发电服务。光伏租赁和 PPA（Power Purchase Agreement，购电协议）是其主营业务。其中光伏租赁是指：SolarCity 负责系统的安装，太阳能设备的所有权归原企业所有，系统不直接出售，而客户获得设备的使用权，并按年缴纳租金。PPA 是指：① 和商业用户及电力公司签订三方协议，SolarCity 建设和维护光伏系统，将电出售给电力公司，并且根据发电量按月收费，电力公司收购光伏电并出售给商业用户，商业用户出让屋顶并支付较低的电费；② SolarCity 直接出售低价的光伏电给客户，5 年过后客户可以在任何时候收购自己屋顶的光伏系统。

不管是租赁模式还是 PPA 模式，金融运作都是 SolarCity 需要具备的关键资源能力，为此，SolarCity 设计了三种不同的交易方式（见图 6-1）。

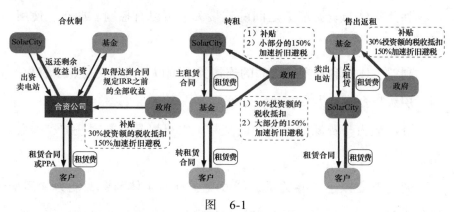

图　6-1

注：粗箭头显示收益走向，虚线边框为政府优惠。
资料来源：申万研究。

这三种交易方式各有优劣，供 SolarCity 在不同条件下灵活采用。

首先是合伙制。交易方式为：SolarCity 与基金共同出资成立公司，购买 SolarCity 建造的电站，租赁或 PPA 给客户，政府的补贴则进入合资公司。其中主要产生 4 类经济收益，客户租赁费、税收抵扣、折旧避税以及补贴。这种方式下，SolarCity 和基金都不用出全额，合资收益也由两家分配，但双方需要谈判利益分配。

其次是转租。交易方式为：SolarCity 签订一个主租赁合同给基金，基金再转租赁给客户，基金会拿走大部分的收益，SolarCity 可以拿到补贴和一笔租赁费，若基金和客户的租期结束后电站仍运转，客户仍然租赁，则租赁费会付给 SolarCity。这种方式下，基金退出方便，而 SolarCity 由于要自己出资，资金压力大；但若电站表现超出预期，则可以在租赁后收回电站租赁权，取得更多剩余收益。

最后一种是售出返租。交易方式为：相当于一次融资，由基金一次性提供租金，然后返租赁给 SolarCity，SolarCity 再租给客户。政府优惠都归基金所有，SolarCity 赚取主次租赁费之间的差价，并在主租赁合约结束后附带一个期权，可以选择重新买下电站。这种交易方式下，基金全额出资，但也可以拿到全部的政府优惠，返租给 SolarCity 后不需要管理；SolarCity 不用出资，但通常在租赁结束后买回电站的价格较高。

在这三种交易方式下，SolarCity 需要承担的资金压力和风险都不同，相应的收益也不同。

事实上，在以上三种金融运作模式中，利益主体和资源能力并没有太大的变化，变化的只是他们之间的交易方式，但是却最终导致了价值增值的不同。

设计规则四改变的主要是：利益主体与资源能力之间的连接关系；利益主体与利益主体之间的连接关系（包括治理关系、交易关系）；资源能力与资源能力之间的交易关系。任何一个交易关系，意味着原来的交易价值、交易成本、交易风险组合；通过这些交易关系的改变，其实就打破了这些交易价值、交易成本、交易风险组合，事实上就改变了价值增值。例如，SolarCity 的案例中，需要面对的是电站收益的不确定性以及大规模投资如何承担，其中涉及的利益主体有基金、SolarCity、政府、客户等，涉及的资源能力有光伏电场、资金、补贴、收益预判能力等。不同的交易方式，对应的是基金的资金实力和 SolarCity 的收益预判能力的全部或部分投入组合，其实是在对收益不确定性、投资规模组合下的不同博弈结果，对应的自然是不同的价值增值。

6.5　设计规则五

通过充分利用利益主体的存量资源能力，而非从零开始构建资源能力组合，其价值增值更大

所谓充分利用利益主体的"存量"资源能力，而非"从零开始"构建资源能力组合，可以用另外一句通俗的话说，就是："借势而非造势"。就商业模式而言，借势而非造势，是更好的设计思路。

借什么势？利益主体的存量资源能力。对很多利益主体而言，在过往的商业历程中积累了很多资源能力，但在传统的商业模式中，可能是没有用，或者价值不高的。如果可以通过商业模式设计，寻找到这些存量资源能力的新价值，激活存量资源能力，则本身就意味着巨大的价值增值。

有一家中国新锐耳机企业，就是借势的高手。这家公司叫韶音科技，原来是做民用耳机代工的。其交易结构如图 6-2 所示。

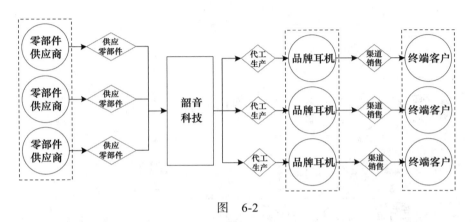

图　6-2

韶音科技从供应商购买零部件，为品牌耳机代工生产，品牌耳机再通过渠道销售给终端客户，因没有核心技术，而陷入一片红海竞争。后来有一个偶然的机会，韶音科技切入一个新的市场，就是军用耳机。由于这种耳机有一定技术壁垒，韶音科技的团队本身有较强的技术能力，军用耳机的毛利也相对较高，每年有几千万元的营收，仍然是韶音的主营业务之一。

在经营军用市场的过程中，韶音科技发现了一个新的市场机会：把军用的骨传导耳机民用化。大家知道，军用耳机只需要听到简单的信息："向前，向后，往左，往右"等，而民用耳机却需要较好的音色，技术转换的难度并不小。韶音科技攻下了技术难关并申请了专利，如何切入市场呢？韶音科技很好地采取"借势而非造势"的思想（见图 6-3）。

首先，韶音切入的是美国的运动耳机市场。因为这个市场人群巨大，超过一亿人，而美国又对知识产权保护得比较好。

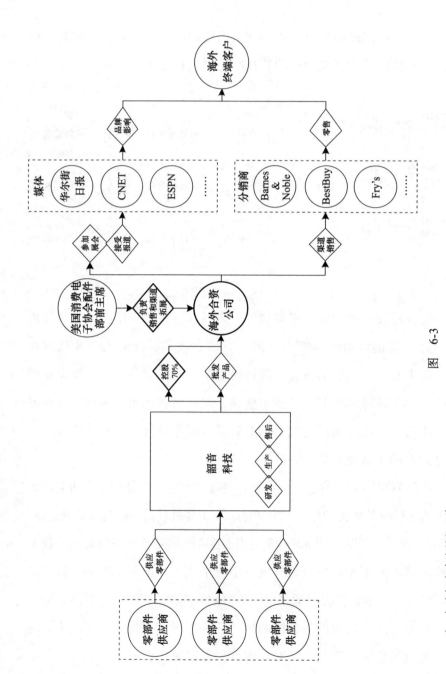

图 6-3

注：粗边框为关键创新环节。

其次，韶音很好地借用了美国的电子展。韶音参加国际消费电子展会，由于产品很有特点又新奇，且有传播力，包括《今日美国》《连线》等在内的 80 多家美国媒体主动报道，《华尔街日报》还给了它一个 2012 年度消费电子类的"技术创新奖"。韶音科技没花一分钱打广告，就得到很好的营销效果。

再次，借助美国主流渠道。和百思买（BestBuy）、PETRA、Fry's、亚马逊等渠道商签约，进入美国 80% 的销售渠道，借助这些渠道的存量资源。

最后，和美国伙伴合作。韶音通过给予"可转换股份"，找到一个有着丰富的人脉资源和品牌运营经验的人来担任 CEO。这个 CEO 叫布鲁斯，曾任"美国消费电子协会"CEA 的配件部主席。布鲁斯熟悉美国市场，负责品牌运营、产品销售和渠道拓展。

韶音科技已经和苹果公司合作，在苹果的全球零售专卖店上架，成为苹果公司在骨传导耳机领域的重要合作伙伴。

纵观韶音科技的发展历程，不管是面向人群、技术研发路径、营销传播、渠道销售、合作伙伴选取等，都采取"借势"的做法，很好地运用了利益主体的存量资源，不但就此完成了自己的商业模式设计，也为各利益主体创造了新的价值，使交易结构更为稳固。

6.6　设计规则六

把更多剩余收益配置给对结果影响大的利益主体，其价值增值更大

利益主体通过投入的资源能力对交易结果产生影响，其对交易结

果的影响实质上是其投入资源能力差异的体现。

利益主体获得的收益可以分为两类：固定性质的收益、剩余性质的收益。所谓固定收益，是指收益和交易的产出并没有直接关系，例如商业地产商对 Shopping Mall（大型购物中心）收取租金，那么交易的产出（在这里可以认为是 Shopping Mall 的营收）是多少，对商业地产商的租金收入并没有太大影响，因此是固定收益；反过来，所谓剩余收益，是指收益和交易的产出有较直接的关系，例如股权收入、分红收入，都和产出挂钩，产出越多，收益越大，因此是剩余收益。

在一个既定的交易结构中，不同利益主体由于对交易结构投入的资源能力不同，而不同资源能力对交易结果的贡献不同，会导致利益主体对交易结果的影响力不同。如果某利益主体对交易结果的影响比较大，那么就应该把更多的剩余收益配置给他，激励其投入更多资源能力，提升价值增值。如果违反这个规则，则有可能该激励的没激励到，激励的对象却没能力提升交易结果，这种错位将导致交易结构设计的失效。

CSPN 的故事，正反映了这一点[⊖]。

CSPN，全称为中国体育电视联播平台，由北京神州天地影视传媒有限公司牵头成立，联合了江苏、山东、辽宁、新疆、江西、内蒙古、湖北七省、自治区体育频道共同设立。

对一个电视频道来说，主要环节可以分为节目来源购买、节目制

⊖ 本案例曾发表于《北大商业评论》（2010 年 06 期），有改写，标题为《战略联盟，交易结构设计是关键》，作者为魏炜。

作、节目播放和广告运营。由于各个地方台本身有制作队伍，有落地的播放渠道，有广告营销队伍，因此，在后三个环节，地方台具备资源、能力配置的优势。至于节目来源购买，神州天地作为一个联盟，从财力上可以化零为整，具备一定优势，但优势不明显。因此，如果从盈利模式的设计上看，神州天地应该获得固定收益或者小比例分成，而地方台应该获得剩余收益或者大比例分成。

事实是什么样子呢？

CSPN 统一接收并安排广告投放，为地方台提供节目资源并按照多项指标评估设定每年固定分成费用，CSPN 拥有剩余收益索取权，节目版权属于 CSPN，CSPN 有多次销售版权获利的权力；地方台为 CSPN 提供制作队伍支持，差旅费用由 CSPN 承担，但制作队伍的控制管理权归于地方台。

在这个盈利模式中，地方台的资源、能力优势完全没有体现出来，而获得剩余收益的神州天地在资源、能力上却是捉襟见肘。该发挥作用的没发挥，没能力发挥作用的却坐镇中军大帐，于是，很自然地，在 2008 年体育大年中异军突起之后，CSPN 在很长一段时间里陷入了困境。

事实上，对 CSPN 的交易结构设计，可以拨乱反正，把更多剩余收益配置给对结果影响大的利益主体，实质上就是理顺和地方台的利益关系和权力归属。神州天地有两个选择：第一，退化为管理团队，把所有权交给地方台；第二，培养或者搭建资源能力，不再依赖地方台，仍然拥有所有权，与地方台进行市场交易。

假如神州天地放弃所有权，则各个地方台可以组成一个所有权合作社。合作社有可能分成两种：采购合作社和供应商合作社。

采购合作社的意思是地方台把统一购买赛事资源的权力交给 CSPN，地方台则分别通过 CSPN 采购这些赛事资源，各自制作，各自运营广告（见图 6-4）。CSPN 的日常运营管理可交给神州天地，这些资源也可以卖给其他视频渠道。CSPN 的控制权和剩余收益索取权由各个地方台共同拥有，各自份额按照赛事资源的相应采购量按比例分配。由于不涉及各个地方台制作队伍的管理和平衡，内部交易成本将大为降低。

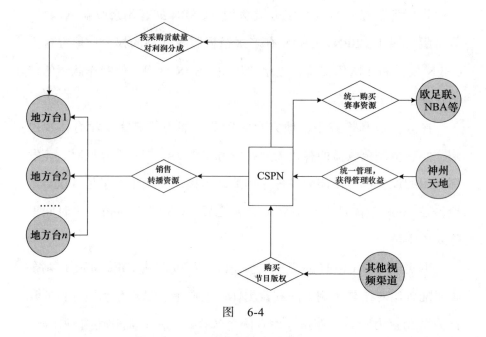

图　6-4

供应商合作社指的是各个地方台作为 CSPN 广告资源的供应商，CSPN 的日常运营管理可交给神州天地，这些节目资源也可以卖给其他视频渠道。控制权和剩余收益索取权由所有地方台共同拥有，各自份额按照相应的广告供应量按比例分配。地方台对 CSPN 的资金和制作队伍支持可以通过市场价格购买（见图 6-5）。

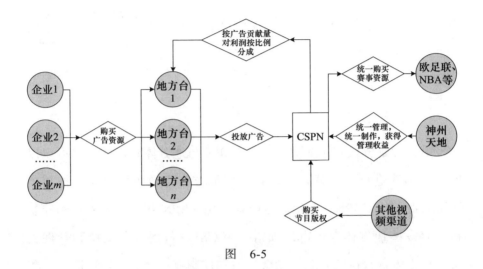

图　6-5

由于各个地方台本身就有广告部门，完全可以把拿到的广告中适合在体育频道播出的拿给 CSPN，当然，单台播出、联台播出、多台播出等广告形式的贡献量计算方式肯定不同，可具体讨论。因此，在这个交易结构下，可以把地方台原有的广告人脉关系的积累发挥出来。

假如 CSPN 还想保留所有权，那么，CSPN 必须建立起涵盖资源采购、节目制作、广告销售、播出等的资源能力库（假如地方台拥有的资源，可以通过购买的方式得到），而对地方台的销售则可以分为两种。

第一种是集权式（见图 6-6）。CSPN 把制作出来的节目以版权销售的形式卖给各个地方台（包括其他视频渠道）。

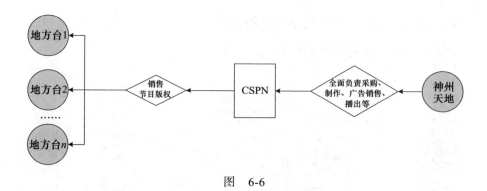

图　6-6

第二种是分权式（见图 6-7）。CSPN 与地方体育台的合作可以以连锁的形式进行，也就是说，有一些地方体育台可以直营，把整个频道资源交给 CSPN，获得固定收益，由 CSPN 获得剩余收益和控制权；有一些地方体育台可以加盟，由 CSPN 负责资源支持和管理支持，地方体育台运营并获得剩余收益和控制权；最后，还可以有一些特许的地方体育台，CSPN 把节目资源及其管理体系作为一套产品授权给地方体育台使用。

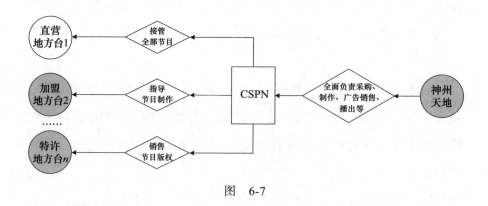

图　6-7

以上各种交易结构对神州天地的市场支配力和风险承担的要求是

不一样的，因此，选择哪种交易结构或者设计出一种新的交易结构，都需要神州天地对未来市场支配力和未来发展趋势有个正确而全面的估计。

神州天地的交易结构探讨，其实就涉及哪一方利益主体能够对交易结果有更大影响的问题，显然，这里面，资源采购的资金、广告资源的接洽，都是地方台占据优势。因此，如果不能把更多的剩余收益分配给地方台，则意味着神州天地需要自己培养或者组合这方面的资源能力，否则，其交易结构就只能是徒有其表，而其所谓的战略联盟，也将有其名而无其实。很多交易结构的设计，在结构雏形上并无重大缺陷，运营的时候却漏洞百出，很多时候正是由于交易的剩余收益索取权没有合理、适当地配置到相应的利益主体身上。

当然，这种对剩余收益、固定收益的设计及其与交易结构产出的关系还会受到很多其他因素的影响：贡献性质、投入意愿、交易价值、交易成本、交易风险等。我们可以用两个图示做一个简单展示（见图 6-8），更详细的阐述请参考《透析盈利模式》[一]。

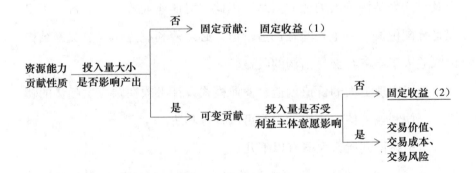

[一]　详见《透析盈利模式》第 3 章，机械工业出版社，作者：林桂平，魏炜，朱武祥。

甲竞争优势	乙竞争优势	甲方初步交易配置	乙方初步交易配置	交易成本	甲方最终交易配置	乙方最终交易配置
高	高	分成	分成	高	分成	分成
高	低	剩余	固定	高	低固定 + 高分成	高固定 + 低分成
低	高	固定	剩余	高	高固定 + 低分成	低固定 + 高分成
高	高	分成	分成	低	分成	分成
高	低	剩余	固定	低	剩余	固定
低	高	固定	剩余	低	固定	剩余

图　6-8

6.7　总结

使利益主体、资源能力各得其所

商业模式是什么？

商业模式是：拥有资源能力的一群利益主体组成的一个交易结构。在这个交易结构中，各个利益主体将各自的资源能力贡献出来，以实现比不参与交易结构更高的价值创造。每个利益主体均获得一定的收益，该收益应该不低于其不参与交易结构的机会成本，同时不高于其对交易结构价值创造的贡献。因此，对商业模式设计而言，不仅仅是分配价值，更重要的是创造价值，必须使利益主体参与交易结构的收益大于不参与交易结构的收益。

为了实现更大的价值创造，商业模式设计必须在顺应大趋势的背景下，使利益主体、资源能力都可以各得其所。

所谓各得其所，大概有以下几点。

第一，利益主体、资源能力的组合达到规模经济、范围经济的边界；

第二，利益主体、资源能力的搭配可以发挥其比较优势，把其擅长的潜能发挥出来；

第三，利益主体取得与其贡献相匹配的价值分配，激发起投入资源能力的意愿。

第四，利益主体的收益应不低于其不参与该交易结构的机会成本，以激励其不退出交易结构。

当然，在一个具体的交易结构设计中，很难同时满足以上四个条件，甚至于，任何一个条件都无法满足。但这些条件是努力的方向。只要朝着尽量满足这些条件的方向设计交易结构，总体的商业模式效率就会朝着更优的方向演进。

第 7 章

基于商业模式的会计核算

——

　　商业模式是利益相关者的交易结构，同时，商业模式也是活动系统的交易结构。商业模式不但需要考虑利益相关者和活动系统之间的治理关系（某个利益相关者占据哪些活动系统，某个活动系统归属于哪个利益相关者），同时还要研究不同交易方式对交易结构的影响。很多跨界的创新商业模式，都来自对原有利益相关者、原有活动系统的增加、减少、分解之后的重新组合。新的商业模式跨界思维，需要新的交易定价[⊖]参照系，这就需要我们导向基于商业模式的新会计核算方法。具体而言，我们需要可以相对准确地计算每个利益相关者、每个活动环节的投入、产出，实现真实的会计核算。在这篇文章中，我们主要针对基于商业模式的会计核算，真实地反映企业的商业模式结构效率，至于导向商业模式设计的交易定价，会在后续著作中陆续地详细展开。

　　⊖　所谓交易定价，不只是定价格的数量（定量），还包括定性（盈利方式，如固定、剩余、分成等）、定时（现金流结构，先付还是后付，一次性还是多期支付）、定向（盈利来源，向谁收钱，对谁支付）等。

7.1　商业模式构建、实施和重构

如何进行交易定价？需确定统一的会计核算体系！

在某些产业，经过长年的发展和沉淀，总是有一些基本的商业模式，例如零售产业，一般可以分为三种主流的商业模式。

第一种商业模式为固定租金，其商业模式一般以物业供应商（或运营商）为焦点企业（见图 7-1）。

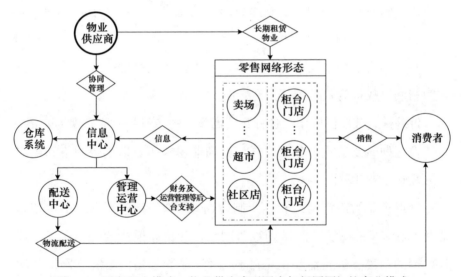

图 7-1　固定租金模式：物业供应商（图中加粗圆圈）的商业模式

焦点企业为物业供应商。焦点企业长期租赁物业给零售网络各种形态的利益相关者（卖场、超市、社区店、柜台、门店等），并根据零售网络的需要，完整或不完整地提供仓库系统、信息中心、配送中心、管理运营中心等方面的运营支持。

物业供应商获得固定金额的租金收入，零售网络的销售额、利润高低并不影响物业供应商当期收入。

固定租金模式被广泛应用于一、二线城市的 Shopping Mall、红星美凯龙、万达商业地产等。

第二种商业模式为价差模式，其商业模式一般以零售网络终端为焦点企业（见图 7-2）。

焦点企业为零售网络。零售网络向生产制造商 / 品牌经销商统一采购商品，最后销售给消费者。在此过程中，零售网络需要运营管理或协作运营管理采购中心、仓库系统、信息中心、配送中心、管理运营中心等功能性利益相关者。

零售网络承担采购商品的成本，获得销售商品的收入，其中的价差为利润，故称为价差模式。

价差模式被广泛应用于各种百货商场、超市等，一般表现为购销。

第三种商业模式为分成模式，其商业模式一般以零售网络和供应商为焦点企业（见图 7-3）。

焦点企业为零售网络和生产制造商 / 品牌经销商。商品由生产制造商 / 品牌经销商统一配送到零售网络；和价差模式的区别在于，零售终端的销售、经营活动由生产制造商 / 品牌经销商与零售网络共同承担。双方就销售额或利润按比例分成。

分成模式广泛应用于百货商场、超市等，一般表现为联销、联营等。

有很多企业，在其发展的不同阶段，曾经采取了各种不同的商业模式。例如，国美、苏宁，在其不同阶段，有过固定租金、分成、固定 + 分成、价差的不同商业模式。

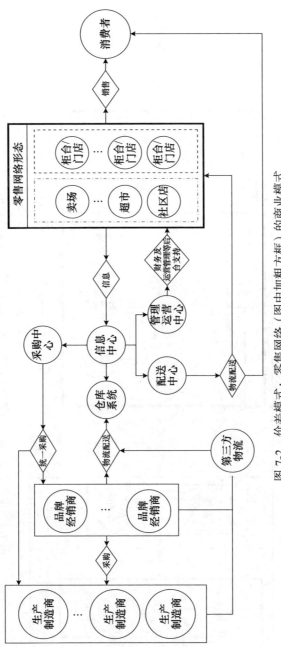

图 7-2　价差模式: 零售网络 (图中加粗方框) 的商业模式

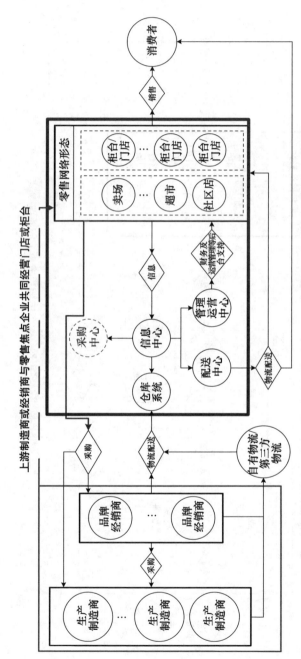

图 7-3 分成模式：零售网络和生产制造商、品牌经销商（图中加粗方框）的商业模式

而有的企业，在其综合模式中，同时容纳了各种不同的子模式。例如，天虹商场的柜台中，有的采取固定模式，有的采取价差模式，还有的采取分成模式，相互并存，并行不悖。

那么，对这些不同模式的运营，就涉及合理交易定价的问题，而定价的前提是核算的基准。只有确定一个相对公允、准确的会计核算体系，才有可能导向一个相对合理的定价，最终商业模式的结构确定才能完成闭环。这个会计核算体系就是商业模式会计，即基于活动和利益相关者的会计核算。

7.2　基于活动的动因分析、会计核算

商业模式会计，指的是以活动环节和利益相关者为核心，分析其资源占用、收入成本、变动因子等，并由此导向会计核算，辅助运营决策和商业模式设计的会计核算体系。

传统会计按照会计科目把核算归结到产品，并根据产品分配原材料、工时等，由此导向产品定价等。这种核算体系在传统大工业时代是合适的，因为当时的产品种类比较单一，产品和机器、人工的关系也比较简单。但在现代企业实践中，传统会计核算就遇到了很大的挑战：首先，每一种产品在不同的技术和管理体系下，其活动环节的组合有根本性的不同，收入、成本的动因和活动息息相关，如果没有追溯到活动环节，则产品的成本和收入核算可能会产生误导；其次，新型的商业模式创新设计，其基本单元是活动环节以及与之相关的利益相关者，如果不能把核算基本单元也以活动和利益相关者为核心，则

无法导向合理的交易定价。为此，我们导入商业模式会计。

商业模式会计需要首先引入几个概念及其关系：核算对象、活动以及资源。

核算对象是指产出，一般可以指产品、顾客、服务、业务单位等。

活动是指企业为了参与交易结构，需要参与的业务活动（非管理活动，下同）。为了方便核算，有时候也可以指一组活动的集合体。

资源是指为了完成活动，需要消耗的经济要素，一般可以指人工、原材料、设备等。

商业模式会计的核算步骤可以概括为：从资源归结到活动，再从活动归结到核算对象。

具体来说，分三个步骤进行。

首先，识别每个活动及其所需要消耗的资源。

正如开篇所言，商业模式是利益相关者的交易结构，同时也是活动系统的交易结构。商业模式的跨界创新，本质上是利益相关者、活动系统的切割重组。因此，我们的会计核算体系也应该基于利益相关者，基于活动系统，这是商业模式设计的基本单元。

根据分析目标的不同可划分到不同颗粒度大小的活动环节。

如图 7-4 所示，采购可以划分活动环节到商业谈判、采购、供应商管理等。仓储可以划分为入库管理、日常货物管理、出库管理，而物流可以划分到包装、配送等。

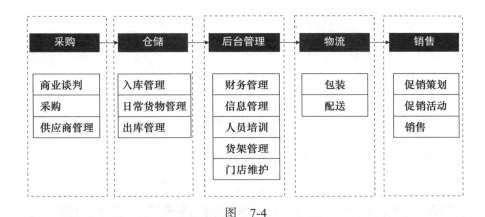

图　7-4

每一个活动又可以分析其所消耗的资源。如采购可以继续划分为商业谈判、采购和供应商管理。其中，商业谈判和供应商管理需要消耗人工，而采购需要消耗人工和原材料。

其次，将资源归结到活动，分析其价值 / 成本属性和变动因子。

当利益相关者、活动系统在交易时，其产出称为交易价值，其成本则可以分为两部分：交易成本、货币成本。其中，交易成本是指和结构相关的成本，而货币成本是指和交易的指向相关的成本。例如，就采购而言，选择供应商的搜索成本、人工费用，商务谈判的议价成本、差旅费都是和采购这个动作相关的，而与采购内容（如白酒、月饼、灭火器）没有直接关系，是属于结构的成本，因此是交易成本。而商品货物成本，则是和交易的指向有关，是属于采购内容（如白酒、月饼、灭火器）的价格，因此是货币成本。

交易价值是产出，交易成本、货币成本是投入，两者之差，便是利益相关者、活动系统的净产出。

投入、产出效率（取值为 0 到 1 之间。越靠近 1，效率越高；反之，越靠近 0，效率越低），可以用下式表示：

$$某利益相关者（活动环节）的投入产出效率 =1- \frac{交易成本 + 货币成本}{交易价值}$$

我们不妨以采购环节为例，呈现如何分析其投入、产出（见表 7-1）。

表　7-1

	活动	共生体的收入或者成本	价值 / 成本属性		变动因子	释义
采购环节	选择供应商	搜索成本	交易成本	固定成本		
		人工费用	交易成本	变动成本	员工数量	人工费用（包括促销人员工资、福利、劳动保险、培训费等）
	商务谈判	议价成本	交易成本	变动成本	采购规模	近似于供货商的净利润
		差旅费	交易成本	变动成本	员工数量	
	采购	采购转移收入	交易价值	变动价值	采购规模	
		商品货物成本	货币成本	变动成本	采购规模	

采购活动系统按照时间逻辑顺序，可以分为三个活动环节：选择供应商、商务谈判、采购等。每个活动环节都要根据资源消耗情况，分析其属性和变动因子。

其中，资源是指活动执行过程中需要花费的代价，是支持活动的成本费用来源，表现为一定期间内各方交易产品或服务发生的各类成本费用项目。制造行业中典型的资源项目一般有：原材料、辅助材料、燃料与动力费用、工资及福利费、折旧费、办公费、修理费、运输费等。与某项活动直接相关的资源应该直接计入该项活动。如果某一资源支持多项活动，那么应该使用资源也就是成本动因将资源分配到各项相应的活动中。

变动因子则指解释发生收入或者成本的活动特性的计量指标，反映活动所耗用的资源或其他活动所耗用的活动量。它是计算活动成本和活动收入的依据，可以揭示执行活动的原因和活动消耗资源的大小。

例如，选择供应商需要支付两种成本：搜索成本，属于交易成本、固定成本；人工费用，属于交易成本、变动成本。人工费用的变动因子是员工数量，意味着这个环节费用高低和员工数量有关，员工数量越多，人工费用（包括促销人员工资、福利、劳动保险、培训费等）越高。

商务谈判需要支付两种成本，议价成本，属于交易成本、变动成本，和采购规模有关；差旅费，属于交易成本、变动成本，和员工数量有关。

以上的人工、差旅，都是活动需要消耗的资源，而其变动因子也和被消耗的资源相关。

采购获得交易价值，是采购收入。对于采购收入，不同企业规定不同，有的企业把采购直接定位为成本中心，等于把成本定义为收入；而有些企业则定义固定的价格给下一个环节，类似于价差模式，例如一吨煤作价多少钱；稻盛和夫的阿米巴，则采取类似于分成的模式。

具体的操作是这样的：生产部门把产品交给销售部门销售，销售部门为产品定价，其售价的一定比例（如 10%）即销售部门的佣金。打个比方，如果生产部门的生产成本为 70 元，销售部门和生产部门商定的销售佣金比例是 10%，最后销售部门确定售价为 100元，则销售部门获得佣金 10 元，生产部门获得利润为 20 元（100-100×10%-70=20）。这种模式下，生产部门和销售部门均获得分成收益，共创价值，共担风险。

采购收入显然和采购规模有关。

采购也要支付成本，即商品货物成本，属于货币成本、变动成本，也和采购规模有关。

采购环节的投入、产出效率可以表示为：

$$投入产出效率_{采购环节}=1-\frac{交易成本+货币成本}{交易价值}$$

$$=1-\frac{选择供应商搜索成本和人工费用+商务谈判的议价成本和差旅费+采购的商品货物成本}{采购收入}$$

显然，在识别活动以及所消耗资源时，根据变动因子的不同，有四类不同的活动：

单位级活动。其变动因子是和每一个单位的活动相关的，投入的资源一般为直接材料、直接人工等。

批别级活动。其变动因子是和每一批次的活动相关的，投入的资源一般为批次检验、批次材料整理等。

产品级活动。其变动因子是和对不同产品的支持活动相关的，投入的资源一般为产品设计、工程变更指令、紧急事务处理等。

设备级活动。其变动因子是和总体上全部产品的支持活动相关的，投入的资源一般为保安、工厂管理、折旧、公司税务、保险等。

再次，把活动环节分配到相应的核算对象（一般为利益相关者），形成利益相关者的投入、产出。

从利益相关者的角度，则要分解利益相关者参与了哪些活动环节，把活动环节组合到其投入产出中。

例如，供货商与零售商之间涉及两个活动环节，则可以呈现为表 7-2。

表　7-2

	业务	活动	共生体的收入或者成本	价值/成本类型		变动因子	释义
	供货商与零售商之间						
采购环节	采购	选择供应商	搜索成本	交易成本	固定成本		
			人工费用	交易成本	变动成本	员工数量	人工费用（包括促销人员工资、福利、劳动保险、培训费等）
		商务谈判	议价成本	交易成本	变动成本	采购规模	近似于供货商的净利润
			差旅费	交易成本	变动成本	员工数量	
		采购	转移收入	交易价值	变动价值	采购规模	
			生产成本	货币成本	变动成本	采购规模	
配送	物流运输	环节转移	转移收入	交易价值	变动价值	货品数	
			转移成本	交易成本	变动成本	货品数	
		分拣包装	人工成本	交易成本	固定成本		
			包装费用	货币成本	变动成本	货品数	
		物流/运输	租车费	交易成本	变动成本	货品数	从生产厂家到零售商仓库
			油料费	货币成本	变动成本	货品数	
			修理费	货币成本	变动成本	货品数	
			车辆折旧	货币成本	变动成本	货品数	
			人工费用	交易成本	变动成本	货品数	

具体活动环节、利益相关者，有投入、有产出，而且能够分析这个环节或利益相关者的投入、产出和哪些因素有关，就可以对其进行相对独立的定价。

最后，将核算内容归结到相关会计科目，形成三张表——利润表、资产负债表、现金流量表。

到达这一步，就可以完整分析出三者的关联。这三者是利益主体（核算对象）、活动、资源。利益主体拥有资源，资源支持活动，利益主体通过参与活动承担商业模式角色。活动和利益主体也都可以详细地列出其消耗的资源和产出，分析其投入产出，如表 7-3 所示。

表 7-3

		活动1	活动2	活动3	活动4	活动5	活动6	活动7	活动8	活动9
利益主体1	资源1									
	资源2	■								
	资源3			■						
	资源4		■							
利益主体2	资源5								■	
	资源6		■			■				
	资源7						■			
利益主体3	资源8							■		
	资源9									■
	资源10	■								
	资源11			■						
利益主体4	资源12								■	
	资源13									
利益主体5	资源14						■			■
	资源15			■						
	资源16			■						

　　至此，对利益主体就可以做出三张会计表了：利润表、资产负债表和现金流量表。这部分在后面再详细展开。

7.3　商业模式会计

从共生体出发的步骤与实例

　　由于商业模式设计很多是基于打破企业边界的跨界创新，因此，面向设计的商业模式会计也应该找一个更高的视角作为参照系，即共生体。从共生体出发，我们才能有一个统一的参照系。

步骤一

从不同商业模式出发，描述其共同的共生体利益相关者、活动环节，并从共生体中定位不同商业模式。

　　例如，对零售而言，不管是固定租金、价差还是分成，事实上，其利益相关者、活动系统的合集是基本一致的，因此，我们可以将其共生体画出来，看到利益相关者、活动系统的全集（见图 7-5）。

　　我们可以看到，一个完整的零售共生体，会包括生产制造商、品牌经销商、第三方物流、仓库系统、信息中心、管理运营中心、配送中心、零售网络、物业供应商、消费者等利益相关者，它们之间的活动环节包括采购、物流配送、信息、财务及运营管理后台、物业租赁、销售等。

　　在共生体的背景下，我们也可以更为方便地定位三种不同的商业模式。

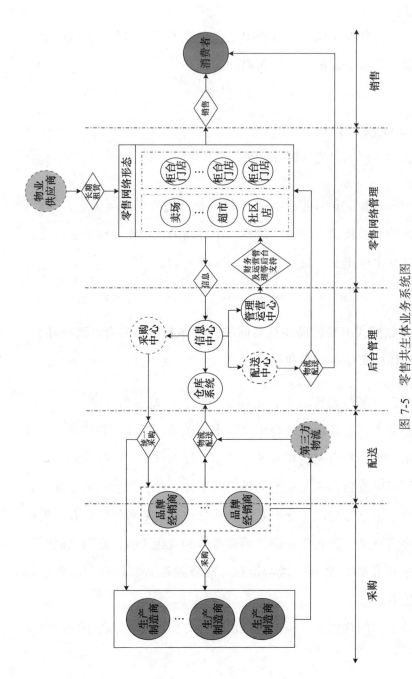

图 7-5 零售共生体业务系统图

注：虚线的利益相关方表示可以内化到焦点企业内部成为内部利益相关方，也可以在焦点企业外部成为外部利益相关方；点虚线框内的零售网络表示可以是焦点企业内部利益相关方，也可以是表内部利益相关方。

第一种是固定租金（见图 7-6）。

焦点企业涉及的利益相关者主要是仓库系统、信息中心、管理运营中心和物业供应商。

第二种是价差（见图 7-7）。

焦点企业主要涉及的利益相关者有采购中心、仓库系统、信息中心、配送中心、管理运营中心、第三方物流、物业供应商、零售网络形态（包括卖场、超市、社区店、柜台 / 门店等），涉及的活动环节有统一采购、物流配送、信息处理、财务及运营管理等后台支持、长期租赁等。

第三种是分成（见图 7-8）。

焦点企业主要涉及的利益相关者有生产制造商，品牌经销商，仓库系统，信息中心，配送中心，管理运营中心，零售网络形态（包括卖场、超市、社区店、柜台 / 门店等）等，涉及的活动环节有采购、信息处理、财务及运营管理等后台支持等。

步骤二

分析每个利益相关者、活动环节元素的业务流程、价值或者成本、变动因素等，计算出具体利益相关者、活动环节的投入、产出数额和比率。

这里的利益相关者、活动环节采取共生体视角的全集。由于上一个环节的收入为下一个环节的成本（除了销售环节），所以交易价值的计算有时在共生体中可以简化为只在销售环节计算，其他环节则只计列成本。

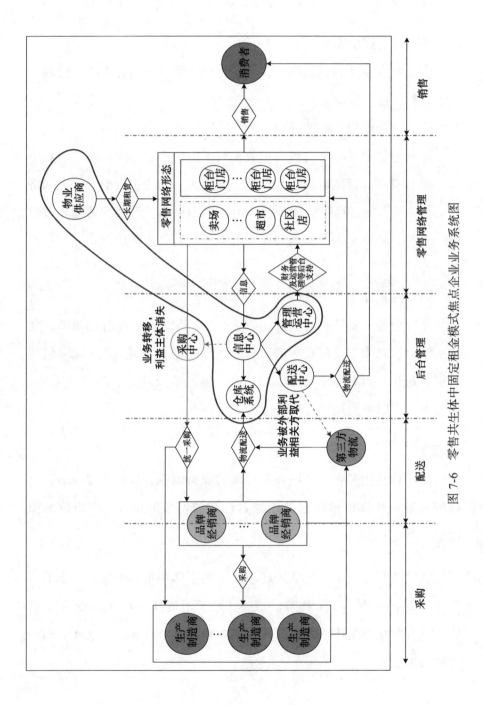

图 7-6 零售共生生体中固定租金模式焦点企业业务系统图

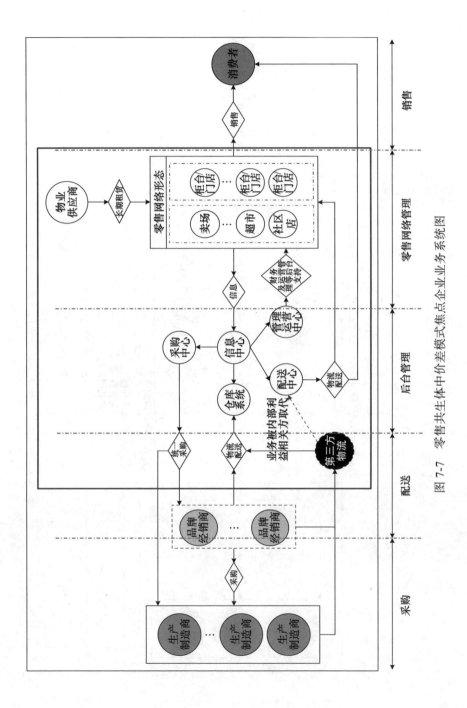

图 7-7　零售共生体中价差模式焦点企业业务系统图

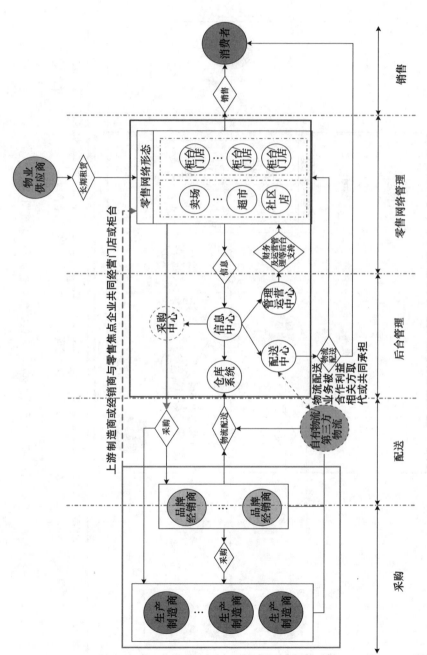

图 7-8　零售共生体中分成模式焦点企业业务系统图

分析活动系统的投入产出，可具体再分解到各个活动环节。具体分解如表 7-4 所示。

同样地，可以对利益相关者也做价值（或收入）或者成本、变动因子等的分析。这时候，需要注意的是，要考虑利益相关者所承担的是什么角色，以及在这些角色当中，实际是和哪些活动环节相关。类似地，具体分解如表 7-5 所示。

当然，为了更清晰地了解某个利益相关者切入了哪些活动环节，涉及哪些价值、成本项目；了解某个活动环节与哪些利益相关者相关，又涉及哪些价值、成本项目，我们可以做一个二维表格（见表 7-6），形成共生体的利益相关者、活动环节的全景图。

步骤三

根据会计科目规定，完成利润表，更新资产负债表和现金流量表。

仍然基于共生体的视角，编制利润表。为了清晰表达，我们可以把利益相关者的角色分开呈现，并汇总到共生体的总表中（见表 7-7）。

三种商业模式，其本质是不同利益相关者或者利益相关者角色（如果某个企业，做的是物业租赁的活动，即使其原来是零售商，实质上也扮演了"物业租赁方"的角色）担任焦点企业而造成的区别。例如，固定租金的焦点企业是物业租赁方，价差的焦点企业是零售网络，分成的焦点企业是零售网络和制造商等。上面这个总表，其实同时表达了三种不同商业模式的利润表。只要拆开，就可以表达为具体商业模式的利润表。

表 7-4

活动系统 共生体创造的总交易价值	活动	共生体的收入或成本	价值 / 成本属性		变动因子	释义
供货商与零售商之间						
采购环节（采购）	选择供应商	搜索成本	交易成本	固定成本		
	商务谈判	人工费用	交易成本	变动成本	员工数量	人工费用（包括促销人员工资、福利，劳动保险、培训费等）
	商务谈判	议价成本	交易成本	变动成本	采购规模	近似于供货商的净利润
	采购	差旅费	交易成本	变动成本	员工数量	
		商品货物成本	货币成本	固定成本	采购规模	
配送（物流运输）	分拣包装	人工成本	交易成本	变动成本	货品数	
		包装费用	货币成本	变动成本	货品数	
	物流 / 运输	租车费	交易成本	变动成本	货品数	从生产厂家到零售商仓库
		油料费	货币成本	变动成本	货品数	
		修理费	货币成本	变动成本	货品数	
		运输车辆	货币成本	固定成本	货品数	
		车辆折旧	货币成本	变动成本	货品数	
		人工费用	交易成本	变动成本	货品数	

业务	范围	环节	作业	费用项目	成本类型	成本性质	计量标准	备注
配送	零售商与零售网络之间	物流配送	分拣配送	包装费用	交易成本	变动成本	货品数	从生产厂家到零售仓库或门店
			物流/运输	租车费	交易成本	变动成本	货品数	
				油料费	货币成本	变动成本	货品数	
				修理费	货币成本	变动成本	货品数	
			运输车辆	运输车辆	货币成本	变动成本	货品数	
				车辆折旧	货币成本	固定成本		
				人工费用	交易成本	变动成本	货品数	
后台管理	零售商内部	仓储	验货分拣入库	检验费	货币成本	固定成本		
				人工费用	货币成本	固定成本		
			日常货物管理	仓库租金费用	货币成本	变动成本	面积	
				搬运费	货币成本	固定成本		
				人工费用	货币成本	固定成本		
				商品损耗费用	货币成本	固定成本		
				低值易耗品摊销	货币成本	固定成本		
			出库作业	人工费用	货币成本	固定成本		
				运杂费	货币成本	固定成本		
				检验费	货币成本	固定成本		
		信息管理	信息管理	人工费用	货币成本	固定成本		
				软件办公费	货币成本	固定成本		
				系统维护费	货币成本	固定成本		
后台管理	零售商与零售网络之间	财务管理	财务管理	人工费用	货币成本	固定成本		
				办公费	货币成本	固定成本		
				系统维护费	货币成本	固定成本		
				软件维护费	货币成本	固定成本		

（续）

活动系统		活动	共生体的收入或者成本	价值/成本属性		变动因子	释义
后台管理		物流信息管理	设备折旧	货币成本	固定成本		
			系统维护费	货币成本	固定成本		
			软件费	货币成本	固定成本		
		人员培训	人工费用	货币成本	固定成本		
			培训费用	货币成本	固定成本		
		营销策划	促销费用	交易成本/货币成本	变动成本/变动成本	活动频率	
			人工费用	交易成本	变动成本		
			销售返利	交易成本	变动成本	促销收入	
			进场费	货币成本	变动成本	商家数量	
			店庆费	货币成本	变动成本	商家数量	
		品牌建设	广告费	货币成本	固定成本		
共生体创造的总交易价值	零售网络与物业提供方之间 后台管理	租赁	租金	交易成本	变动成本	面积	
		—	水电	货币成本	变动成本	面积	
		—	物业费	货币成本	变动成本	面积	
	物业提供方/物业建设方投入	房屋建设	建设投入	货币成本	固定成本		
		融资	建设贷款的利息支出和手续费	交易成本	固定成本		
			支付金融机构手续费	交易成本	固定成本		
	零售网络内部 零售网络后台管理	零售网络内部管理	零售门店建设 装修费用	货币成本	变动成本	门店数量/面积	
			样机、样品投入	货币成本	变动成本	门店数量/面积	
		货架管理	人工费用	货币成本	固定成本		
		仓储	人工费用	货币成本	固定成本		
			水电费	货币成本	固定成本		
			商品损耗费用	货币成本	固定成本		

类别	业务环节	项目	交易价值	固定/变动	动因	备注
销售	零售网络与消费者之间	销售收入	交易价值			零售网络直接销售给消费者所产生的销售收入
	销售	人员费用	交易成本	固定成本		
	促销活动	促销广告费	交易成本	变动成本	活动频率	零售门店为了吸引消费者投入的促销费用
		赠品费	货币成本	变动成本	活动频率	
	出库作业	人工费用	货币成本	固定成本		
		低值易耗品摊销	货币成本	固定成本		
	物流运输	租车费	交易成本	变动成本	货品数	
		油料费	货币成本	变动成本	货品数	
		修理费	货币成本	变动成本	货品数	
		车辆折旧	货币成本	变动成本	货品数	
		人工费用	交易成本	变动成本	货品数	
	后台管理	系统维护费	货币成本	固定成本		
		软件折旧	货币成本	固定成本		
		办公费	货币成本	固定成本		
		设备折旧	货币成本	固定成本		
	财务结算、信息管理	人工成本	交易成本	固定成本		

表 7-5

共生体创造的总交易价值	活动	共生体创造的总交易价值				释义
销售	—	销售收入				零售网络直接销售给消费者所产生的销售收入
业务	活动	共生体的收入或者成本	价值/成本类型		变动因子	释义
供货商与零售商之间						
采购环节	选择供应商	搜索成本	交易成本	固定成本		
		人工费用	交易成本	变动成本	员工数量	人工费用（包括促销人员工资、福利、劳动保险、培训费等）
	商务谈判	议价成本	交易成本	变动成本	采购规模	
	采购	差旅费	交易成本	变动成本	员工数量	近似于供货商的净利润
		生产成本	货币成本	变动成本	采购规模	
	分拣包装	人工成本	交易成本	固定成本		
		包装费用	货币成本	变动成本	货品数	
配送	物流/运输	租车费	交易成本	变动成本	货品数	从生产厂家到零售商仓库
		油料费	货币成本	变动成本	货品数	
		修理费	货币成本	变动成本	货品数	
		车辆折旧	货币成本	变动成本	货品数	
		人工费用	交易成本	变动成本	货品数	

零售商内部							
	仓储	验货分拣入库	检验费	货币成本	固定成本		
		日常货物管理	人工费用	货币成本	固定成本		
			仓库租金费用	货币成本	变动成本	面积	
			搬运费	货币成本	固定成本		
			人工费用	货币成本	固定成本		
			商品损耗费用	货币成本	固定成本		
			低值易耗品摊销	货币成本	固定成本		
		出库作业	人工费用	货币成本	固定成本		
后台管理			运杂费	货币成本	固定成本		
			检验费	货币成本	固定成本		
	后台管理	信息管理	人工费用	货币成本	固定成本		
			办公费	货币成本	固定成本		
			系统维护费	货币成本	固定成本		
零售商与零售网络之间							
	物流配送	分拣配货	人工费用	交易成本	固定成本		从生产厂家到零售仓库或门店
			包装费用	货币成本	变动成本	货品数	
配送		物流/运输	租车费	货币成本	变动成本	货品数	
			油料费	货币成本	变动成本	货品数	
			修理费	货币成本	变动成本	货品数	
			运输车辆	货币成本	固定成本		
			车辆折旧	货币成本	变动成本	货品数	
			人工费用	交易成本	变动成本	货品数	

（续）

共生体创造的总交易价值	活动	共生体创造的总交易价值			释义
后台管理	财务管理	人工费用	货币成本	固定成本	
		办公费	货币成本	固定成本	
		系统维护费	货币成本	固定成本	
		软件维护费	货币成本	固定成本	
		设备折旧	货币成本	固定成本	
	物流信息管理	系统维护费	货币成本	固定成本	
		软件费	货币成本	固定成本	
	人员培训	人工费用	货币成本	固定成本	
		培训费	货币成本	固定成本	
	营销策划	促销费用	固定成本/货币成本	变动成本/固定成本	活动频率
		人工费用	交易成本	固定成本	
		销售返利	交易成本	变动成本	促销收入
		进场费	货币成本	变动成本	商家数量
		店庆费	货币成本	变动成本	商家数量
	品牌建设	广告费	货币成本	固定成本	
零售网络内部					
零售内部管理	零售门店建设	装修费用	货币成本	变动成本	门店数量/面积
		样机、样本投入	货币成本	变动成本	门店数量/面积
	货架管理	人工费用	货币成本	固定成本	
	仓储	人工费用	货币成本	固定成本	
		水电费	货币成本	固定成本	
		商品损耗费用	货币成本	固定成本	

商业模式	大类	活动	费用项目	交易成本/货币成本	固定/变动成本	成本动因	备注
零售网络与消费者之间	销售	促销活动	人员费用	交易成本	固定成本	活动频率	
			促销广告费	交易成本	变动成本	活动频率	零售门店为了吸引消费者投入的促销费用
	后台管理	出库作业	赠品费	货币成本	变动成本		
			人工费用	货币成本	固定成本		
			低值易耗品摊销	货币成本	固定成本		
		物流运输	租车费	交易成本	变动成本	货品数	
			油料费	货币成本	变动成本	货品数	
			修理费	货币成本	变动成本	货品数	
			车辆折旧	货币成本	变动成本	货品数	
			人工费用	交易成本	变动成本	货品数	
		财务结算、信息管理	系统维护费	货币成本	固定成本		
			软件折旧	货币成本	固定成本		
			办公费	货币成本	固定成本		
			设备折旧	货币成本	固定成本		
			人工成本	交易成本	固定成本		
零售网络与物业提供方/物业建设方投入	后台管理	租赁	租金	交易成本	变动成本	面积	
			水电	货币成本	变动成本	面积	
			物业费	货币成本	变动成本	面积	
		房屋建设	建设投入	货币成本	固定成本		
		融资	建设贷款的利息支出和手续费	交易成本	固定成本		
			支付金融机构手续费	交易成本	固定成本		

类似地，可以编制出资产负债表和现金流量表。

7.4 商业模式会计的应用场景

和传统的会计核算相比，商业模式会计（见表 7-6 ～表 7-7）主要是面向商业模式核算、设计和决策的。这里面涉及几个设计和评估决策的应用场景。

第一，面向交易定价的设计和评估。

由于商业模式设计需要涉及对利益相关者、活动环节的切割重组，在定价上就有计算出其对交易结构的贡献、在不同交易结构之间机会成本对比的必要。因此，需要细致到具体利益相关者、具体活动环节的投入产出核算。

另外，为了使定价有一个共同参照背景，就需要把不同的、跨界的商业模式放到一个共生体中——不同商业模式的利益相关者、活动系统的合集。

第二，真实地动态评估不同利益相关者的贡献与机会成本。

事实上，这些对利益相关者、活动系统的价值、成本评估可以是动态的。

在不同的环境下，变动因子所带来的影响不一样。有些环节和人工成本相关，有些环节是固定支出，和技术投入相关。随着人工成本的提高，可能就需要把某些原来人工成本敏感的环节逐渐用技术投入替代。而假如不通过具体活动的变动因子来分析，就很难发现真正的成本动因，也就很难真实地动态评估不同利益相关者的贡献与机会成本。

另外，在不同的环境下，其变动因子也有可能是不同的。例如，线下门店的促销广告费和活动次数是相关的，属于变动成本；但假如采取微信引流的营销活动，由专人负责、固定成本支出，就可能是变成固定成本了（类似于信息管理系统）。这也要做适当的调整。

第三，同样的商业模式结构，如果面对的交易对象不同，那么涉及的具体业务流程也会不同，相应地，其货币成本和交易成本结构和特性也有可能不同，变动因子也会不同。

例如，同样是做零售的两家公司，即使采取的都是价差模式，但假如一个销售冰箱，另外一个销售图书，二者的业务流程也是不同的。冰箱涉及的业务流程可能还会有售后服务，而图书就没有。即使在配送环节，冰箱的大件配送和图书的标准化组合配送，其变动因子也不同。虽然都是与批次相关，但冰箱达到批次的数量和图书达到批次的数量是不同的，因此而带来的路线规划、分仓等问题也不同。而这些，都只有通过继续分解业务流程、分析变动因子才能得到深入的、准确的结果。

总之，商业模式会计，其核心思想是把利益相关者、活动环节作为最小的分析单元，计算、评估其投入产出，并为商业模式设计、交易定价、管理决策提供更为真实、准确、公允、完整的依据。

表

指标/活动环节	参与的利益相关方	采购			物流					
		选择供应商	商务谈判	采购	分拣包装		物流/运输		仓储	
		零售商	零售商	零售商	供货商	零售商	供货商	零售商	零售商	零售网络
交易价值 消费者										
交易成本 供应商		搜索成本 人工费用	议价成本 差旅费							
零售商					人工成本		租车费 人工费用			
零售网络						人工成本		租车费 人工费用		
消费者										
物业提供方										
货币成本 供应商				商品货物成本						
零售商					包装费用		油料费、修理费、车辆折旧		验货分拣入库：检验费、人工费	
									日常货物管理：仓库租金、搬运费、人工、商品损耗、低值易耗品摊销	
									出库作业：人工、运杂、检验费	
零售网络						包装费用		油料费、修理费、车辆折旧		人工费用
										水电费
										商品损耗费用
消费者										
物业提供方										

7-6

后台管理					物业租赁		销售	
后台信息/实物管理		财务管理	人员培训	营销策划	物业租赁		促销	后台管理
零售商	零售网络	零售商	零售网络	零售商	零售网络	物业租赁/建设方	零售网络	零售网络
							销售收入	
				促销费用				
				人工费用				
				销售返利				
							人员费用	物流管理：租车费、人工费用
							促销广告费	财务结算、信息管理：人工成本
							赠品费	
					租金	房屋建设投入		
人工费用								
办公费								
系统维护费								
系统维护费	零售门店建设：装修费用、样机/样品投入	人工费用		促销费用				
软件费用	货架管理：人工费用	办公费		进场费				
人工费用		系统维护费		店庆费				
		软件费用		广告费				
		设备折旧						
								出库作业：人工费用、低值易耗品摊销
								物流运输：油料费、修理费、车辆折旧
								财务结算、信息管理：系统维护费、软件折旧、办公费、设备折旧
					水电	房屋融资费用：建设贷款的利息支出和手续费、支付金融机构手续费		
					物业费			

表 7-7　模拟零售行业利益共生体财务报表

（金额单位：元）

项目	制造商	经销商	零售商	零售网络	第三方物流	物业租赁方
一、营业总收入	销售收入	销售收入		销售收入	（物流运输收入）	（租金收入）
减：营业成本			搜索成本 人工成本			
营业税金及附加	营业税金及附加	营业税金及附加	营业税金及附加	营业税金及附加	营业税金及附加	营业税金及附加
销售费用	（店庆费、促销费、销售返利）		销售费用	销售费用		
《环节/管理》	物流运输环节		后台管理：物流配送仓储环节	内部管理／销售环节／物流运输环节		
职工薪酬	职工薪酬	职工薪酬	职工薪酬	职工薪酬　职工薪酬　职工薪酬		
办公费			办公费			
差旅费						
商品损耗	商品损耗	商品损耗	商品损耗	商品损耗		
折旧费	车辆折旧	车辆折旧	车辆折旧	车辆折旧		
检验费	检验费	检验费	检验费	检验费		
包装费	包装费	包装费	包装费	包装费		
运输费	运输费	运输费	运输费	运输费		
搬运费	搬运费	搬运费	搬运费	搬运费		
维修费	维修费	维修费	维修费	维修费		
系统维护			系统维护费			
广告宣传费				促销广告费、赠品费		
其他			低值易耗品摊销	样机、样品投入、水电		
管理费用		管理费	管理费	管理费		

项目	后台管理	内部管理	后台管理
职工薪酬	职工薪酬		职工薪酬
业务招待费			
信息化费用	软件费用 系统维护		软件费用 系统维护
设备折旧	设备折旧		设备折旧
广告费	品牌宣传广告费		
物业管理费	物业管理费		
低值易耗品摊销	低值易耗品摊销		
培训费	培训费		
办公费			办公费
存货盘亏和毁损			
其他		装修费	
财务费用	财务费用	财务费用	
利息支出			
利息收入			
金融机构手续费			
资产减值损失			
加：公允价值变动收益（损失以"-"号填列）			
投资收益（损失以"-"号填列）			
其中：对联营企业和合营企业的投资收益			

（续）

	制造商	经销商	零售商	零售网络	第三方物流	物业租赁方
汇兑收益（损失以"-"号填列）						
二、营业利润（亏损以"-"号填列）						
加：营业外收入						
减：营业外支出						
其中：非流动资产处置损失						
三、利润总额（亏损总额以"-"号填列）						
减：所得税费用						
四、净利润（净亏损以"-"号填列）						
其中：被合并方在合并前实现的净利润						
归属于母公司所有者的净利润						
少数股东损益						
五、每股收益：						
（一）基本每股收益						
（二）稀释每股收益						
六、其他综合收益						
七、综合收益总额						

第 8 章

基于共生体视角的财务分析

以零售行业为例

———

在运用财务指标对比分析企业时，广泛采用的是基于同行业的杜邦分析法、比率分析等。其对企业后续的运营建议，也是基于这些指标分析给出的。

然而，如果商业模式本身就不一样，即使在同行业里面，这种财务分析也很容易产生误导。原因有二：

第一，在不同商业模式之间，同样的财务指标实质上代表的是不同含义。例如，同样是销售额，在采取价差模式的零售企业里，代表的是所有货品的零售总价值；而在采取租金模式的零售企业里，代表的却是总租金收入（租赁面积 × 单位面积租金）。从而，与销售额相关的财务指标就不能直接对比，A 公司的销售利润率高于 B 公司，一定是 A 公司的经营业绩更高吗？不一定，可能 A 公司是一家业绩一般的价差模式零售企业而 B 公司是一家业绩优秀的租金模式零售企业。

第二，由于商业模式不同，关键的绩效指标也不同，那么，很难在不同商业模式之间比较同一个财务指标。例如，同样是在零售业里面，对于采取分成（业务介绍一般称为"联营"）的商业模式而言，销售成本率、应收账款周转率和应付账款周转率是关键指标；而对于采取固定租金的商业模式而言，这几个指标则重要性没那么强，而现金周转率、资产负债率会更为关键一些。如果忽略商业模式的差异，错位地单纯比较财务指标，就有可能产生一些似是而非的结论。例如，A 公司的应收账款周转率高于 B 公司，并不能简单地认为 A 公司的运营效率就高于 B 公司，有可能 A 公司采取的是分成模式，而 B 公司采取的是租金模式，在租金模式下，应收账款周转率并不是关键指标，其高低并不能成为评价运营效果优劣的原因。

因此，实质上，在用财务指标分析时，要分清哪一些指标是和整个共生体相关的，哪一些是和企业具体的模式相关的，这样才有可能对比不同共生体、不同商业模式的运营效率高低。只有基于共生体视角，通过分析商业模式的差异来分析财务差异，才有可能得到有价值的分析结论。

8.1　从通行的财务指标和商业模式描述，可以看到什么

需要构建共生体视角！

零售行业有很多上市公司，由于模式不同、业务不同，事实上，财务指标是很难给出有参考价值的分析结果的。由于本节主要探讨通过商业模式视角分析财务，我们就不妨把业务锁定，选择其中比较接近的业务板块，然后以不同的商业模式分析其财务指标。

不妨以上市公司永辉超市和人人乐为例，用财务指标分析其商业

模式效率。由于这两家公司都是多品类经营，为了更好地做对比，这里仅对比其生鲜品类。永辉与人人乐是中国超市行业的代表性企业，也是为数不多的跨区域、跨省发展的超市上市公司。从总体上看，二者都是零售企业，而且经营的品类都集中在食品、用品、生鲜熟食、服装针织、百货日杂等，但从盈利能力上来看，两者差异较大。从 2012 年数据来看，永辉毛利率 16.5%，净利率 2.0%，净资产收益率（ROE）和资产收益率（ROA）分别为 11.8% 和 7.6%；人人乐产品毛利率 10.2%，净利率 -0.7%，ROE 和 ROA 仅为 -2.7% 和 -1.5%。

从这上面各种指标中，可以看出永辉在诸多指标上都超过人人乐。但是，永辉是不是就比人人乐强？或者说，永辉在哪些地方比人人乐强，而在哪些地方人人乐更占优势？我们可以对它们的商业模式做出什么切实可行的建议？为此，我们必须从分析它们的商业模式开始。

永辉是典型的价差模式，而人人乐则采取分成与固定相结合的商业模式。2012 年永辉生鲜业务的毛利率 12.37%，人人乐生鲜业务的毛利率仅为 5.95%，生鲜加工分别占到永辉和人人乐收入的 46% 和 18%。

从"魏朱商业模式六要素模型"出发，对永辉与人人乐的商业模式进行整体对比，具体情况如表 8-1 所示。

表 8-1　从魏朱六要素看永辉与人人乐差异

	永辉超市	人人乐
定位	以生鲜销售为核心，给消费者提供最好的生鲜购买体验	以生鲜拉客流，促进其他高毛利商品的销售
业务系统	建立买手团队自主参与生鲜买卖，深度介入供应链，与农业基地和农业大户建立合作，农超对接	与供应商合作，在各地筛选合适的供应商，将采购与销售的主要环节交给供应商来负责

（续）

	永辉超市	人人乐
盈利模式	买断经营，获取剩余，承担交易风险	外包联营或出租，获取分成或固定租金，不承担交易风险
关键资源能力	生鲜农产品的零售技术和管理技术，对生鲜农产品供应链各个环节上的能力要求很高	供应商的招商能力和组织能力，对生鲜品类的理解和运营能力要求低
现金流结构	随着商品销售流入现金流，对上游往往需要即时支付	随着商品销售流入现金流，对上游供应商可能有一定的账期
企业价值	2013 年营业收入 305 亿元，净利润 7.21 亿元，市值 210 亿元	2013 年营业收入 127 亿元，净利润 0.23 亿元，市值 38 亿元

在永辉的生鲜自营模式中，生鲜从采购、仓储管理、上架陈列、营销销售等供应链的各个环节，都由永辉直接管理和掌控（见图 8-1）。

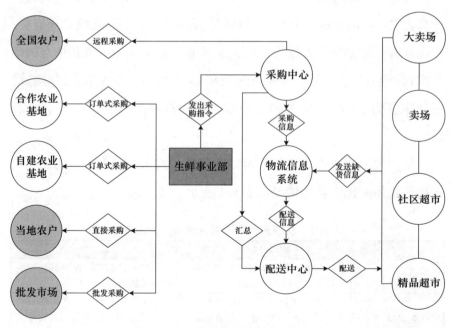

图 8-1 永辉超市生鲜业务系统图

鉴于生鲜产品具有中间环节多、费用高、损耗率高等特点，采购环节对于生鲜业务而言尤为重要，可优化空间很大。为此，永辉建立了专门而庞大的买手团队，采取全国统采和区域直采两种方式，其中全国统采可分为基地采购和远程采购；区域直采可分为当地农户采购和批发市场采购。

永辉在生鲜方面（包括水果、蔬菜、粮食、肉禽蛋等所有大品类）的价格普遍低于可比超市同类同种价格，而且价格幅度大约在 10% 以上。永辉生鲜定价低，本身就是商业模式的一部分，是其绩效水平高于可比公司的重要因素。除了价格低以外，永辉生鲜还具有品种多的特点。例如，一般超市在同一时间一类商品只有一两种（一般最多不超过 4 种）品种，而永辉的主要品类中往往有三四种甚至更多品种同时陈列以供顾客选择。这种丰富性和多样性是吸引客户购物、满足客户多元化需求的重要因素。

人人乐与永辉截然不同，主要通过"外包"，在各地引入不同的生鲜经营商户，采取扣点分成，或者出租场地获取固定租金的方式来经营。商业模式的不同，决定了人人乐所在的共生体中资源能力的分布与永辉完全不同，永辉较强的采购能力、供应商资源、管理能力、销售能力等资源能力都由与人人乐合作的供应商所有（见图 8-2）。

与永辉不同，人人乐在采购、仓储、物流、销售环节，全部交由供应商负责，自己仅负责后台管理等，所以对人人乐而言，在不同的区域寻找到合适的供应商的能力非常重要。

人人乐将生鲜品类作为一个"亏损拳头产品"，主要用来吸引客

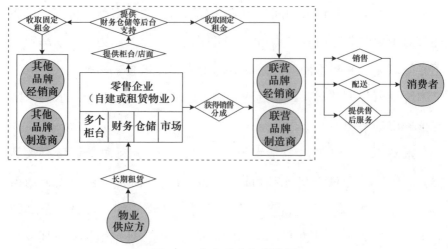

图 8-2 人人乐业务系统图

流，同时促进其他高毛利品类销售来赚利润。永辉超市则是以生鲜销售为核心，目标是给消费者提供最好的生鲜购买体验，因而整体经营管理和资源能力都是以生鲜展开建立的。所以，人人乐仅是与当地供应商合作，在各地筛选出合适的供应商，然后将采购与销售的主要环节交给供应商来负责，自身主要是提供经营场地以及收银、保洁、服务等周边环节。而永辉则需要建立专业的买手团队，自主参与生鲜的买卖经营，深度介入生鲜农产品供应链。在上游与农业基地、农业大户建立合作，并且和朗源食品、第一食品等专业供应商建立采购合作关系，农超对接、农批对接、农专对接，形成了一个特殊的利益共生体。

在盈利模式的设计上，永辉采用了买断式经营的模式，盈利来源是进销差价，从上游将生鲜采购回来，通过自身的经营管理，销售之后获取剩余，并且承担卖不出去、商品损耗的一系列风险。人人乐采取联营的盈利来源主要是中间费用，不担存货风险，几乎不涉及具体的管理和销售。

永辉 2013 年营业收入 305 亿元，净利润 7.21 亿元，市值 210 亿元。人人乐 2013 年营业收入 127 亿元，净利润 0.23 亿元，市值 38 亿元。我们可以从市值上看出二者因为商业模式不同体现出的巨大差异。显然，永辉由于其在生鲜经营上的竞争优势，在获得快速增长的同时，得到了市场投资者的认可。永辉的营业收入是人人乐的 2.4 倍，而其市值是后者的 5.5 倍，其间巨大的差距正是体现了不同商业模式的力量。

列出主要财务指标，描述出要对比企业的商业模式是关键的两步，因为这些基础事实可以为后面的对比分析奠定很好的基础。

但我们还需要解释，它们的指标为什么会呈现这些差异？在未来的商业模式设计上，是否有一些新的举措可供选择？对这些问题，只呈现这些指标和商业模式事实是不够的，我们需要更为宏观、体系化的视角——共生体视角。

8.2　共生体财务分析四步法

用共生体的视角进行财务分析，有四个步骤。

第一，构建价值全景图：划定利益边界，构建利益共生体。

第二，发现价值环节：利益共生体收入成本拆解模型。

第三，构建利益共生体财务分析指标树。

第四，对比分析不同企业的商业模式财务指标表现。

步骤一

构建价值全景图：划定利益边界，构建利益共生体——共生体类、共生体对象、共生体实例

我们在比较不同企业的时候，需要有一个共同的背景，在商业模式的语境里面，我们需要的共同背景就是共生体。

从共生体的背景里面，就可以很好地对比分析不同商业模式。

零售行业存在很多利益相关者，如生产制造商、品牌经销商、采购中心、物业供应商、卖场、门店等。这些不同的利益相关者占据着不同的活动环节。当这些不同的利益相关者以及活动环节以不同方式连接在一起的时候，就形成了不同的商业模式。

为此，我们引入三个概念：共生体类、共生体对象和共生体实例。共生体类指的是包含某一确定集合的利益相关者、活动环节的抽象共生体。共生体类由其包含的利益相关者、活动环节集合所规定，是一个抽象的总集。共生体类中利益相关者、活动环节及其连接方式的不同子集就形成了共生体对象，共生体对象是共生体类的子集。理论上，所有共生体对象的抽象并集就构成了共生体类。共生体实例则是指共生体对象中利益相关者、活动环节及其连接方式的具体取值所形成的商业模式表达。

以零售为例，零售共生体属于共生体类，包含了零售行业里所有可能的利益相关者、活动环节；按照不同盈利模式，零售共生体至少存在三种共生体对象：租金零售共生体、价差零售共生体和分成零售共生体，它们都属于零售共生体的子集；最后，同样是租金零售共生体，有一些是卖场，有一些是柜台、门店，在具体利益相关者的取值也不同，这就属于共生体实例了。共生体（不管是共生体类、共生体对象还是共生体实例）对参与的利益主体而言其边界是封闭的，相互之间的关系以利益协同、合作共赢为主。当然，共生体类的边界如果打开，则是更大的生态（其相互关系更多是竞争）。这些生态，我们可以按照不同特征分为行业生态、地域生态、产业生态等。

我们不妨详细地呈现出来。

先看共生体类——零售共生体（见图 8-3）。

在以上零售共生体中，包括的利益相关者有生产制造商、品牌经销商、第三方物流、仓库系统、信息中心、采购中心、配送中心、管理运营中心、物业供应商、卖场、超市、社区店等。活动环节可以简单分段为采购、配送、后台管理、零售网络管理、销售等，更细致的还可以有信息、租赁等环节。以上这些利益相关者和活动环节都可以根据不同的管理设施、设备设施、技术设施条件，划分到焦点企业的内部或者外部。

同类零售共生体，根据利益相关者和活动环节的不同子集，就形成多个不同的共生体对象。例如，我们至少可以列出四种不同的共生体对象。

第一种共生体对象是价差零售共生体（见图 8-4）。

这种共生体中，焦点企业主要涉及的利益相关者有采购中心、仓库系统、信息中心、配送中心、管理运营中心、第三方物流、物业供应商、零售网络形态（包括卖场、超市、社区店、柜台 / 门店等），涉及的活动环节有统一采购、物流配送、信息处理、财务及运营管理等后台支持、长期租赁等。

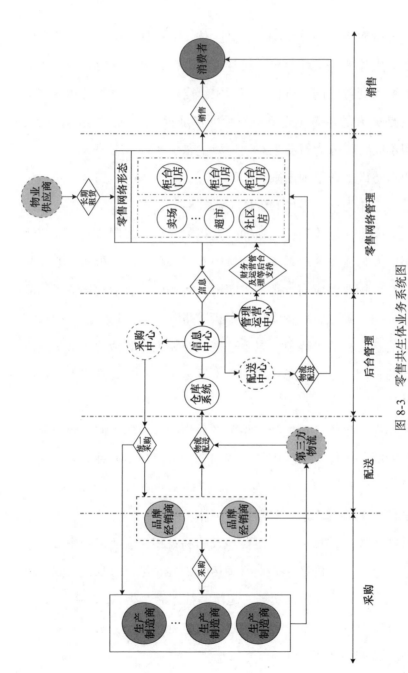

图 8-3 零售共生体业务系统图

注：虚线的利益相关方表示方可以内化到焦点企业成为内部利益相关方，也可以在焦点企业外部成为外部利益相关方；点虚线框中的零售网络表示既可以是焦点企业内部利益相关方，也可以是表内部利益相关方。

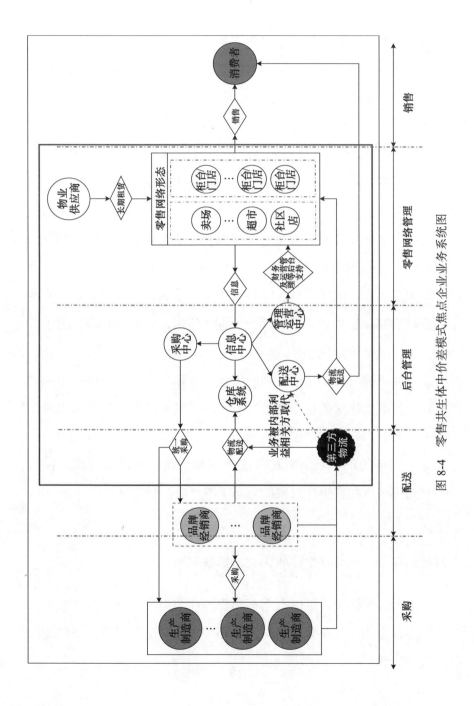

图 8-4　零售共生体中价差模式焦点企业业务系统图

第二种共生体对象是固定租金零售共生体（见图 8-5）。

焦点企业涉及的利益相关者主要是仓库系统、信息中心、管理运营中心和物业供应商。

第三种共生体对象是分成零售共生体（见图 8-6）。

第四种是混合模式，也就是"固定＋分成"零售共生体（见图 8-7）。

最后，有了这些共生体对象，加上其具体的取值，就形成了一个个共生体实例。

例如，永辉和人人乐的共生体实例就可以表示为图 8-8、图 8-9。

显然，永辉属于价差零售共生体，而人人乐则属于"固定＋分成"零售共生体。同样是价差零售共生体，永辉这个共生体实例会由于其选择的利益相关者、活动环节不同（例如，买手团队的自主采购环节），而有不同的商业模式效率。

当不能直接对比共生体实例的时候，可以尝试回到共生体对象的层级；而当共生体对象也不能直接对比时，就要以共生体类作为对比背景。事实上，在后文中可以看到，当对比不同商业模式时，我们一般是在共生体类的背景下对比共生体对象；而在对比相同商业模式时，我们更多是在共生体对象的背景下对比共生体实例。

步骤二

发现价值环节：利益共生体收入成本拆解模型

在以上共生体中，可以根据不同业务环节为单位细分产业链。

以零售为例，其业务环节与利益相关者的对应列表可以细致地分析如表 8-2 所示。

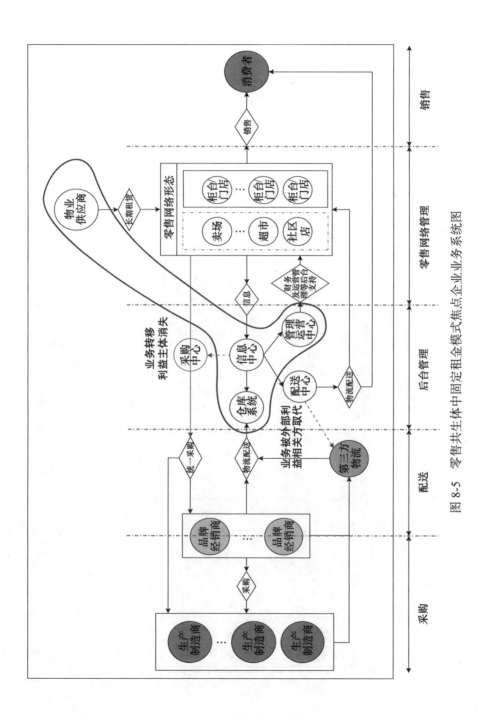

图 8-5 零售共生体中固定租金模式焦点企业业务系统图

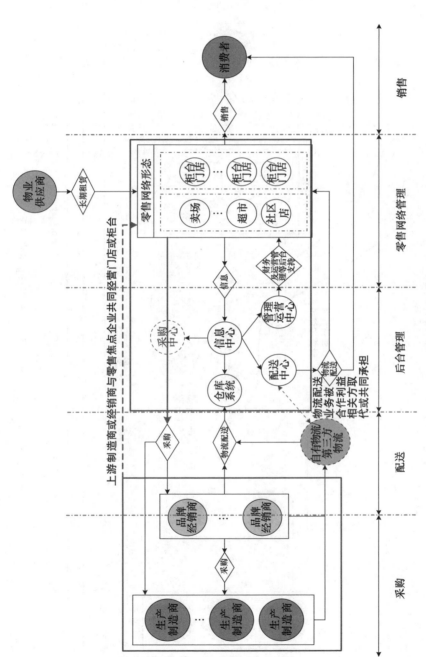

图 8-6　零售共生生体中分成模式焦点企业业务系统图

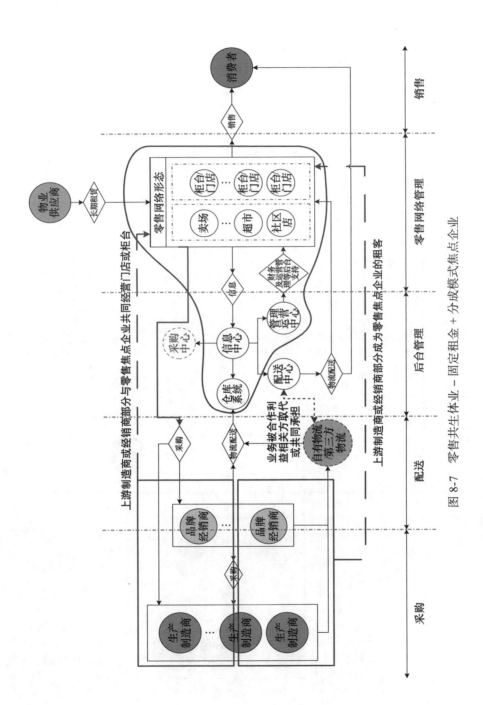

图 8-7　零售共生体业 – 固定租金 + 分成模式焦点企业

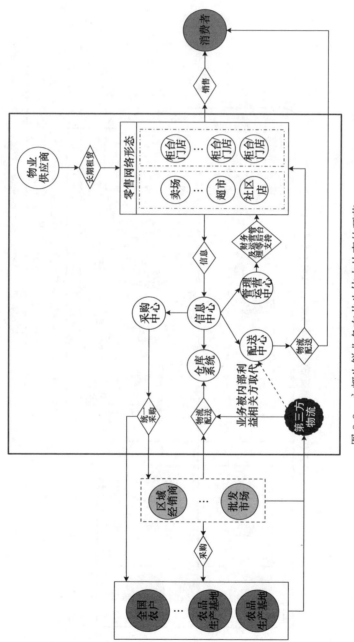

图 8-8 永辉生鲜业务在共生生体中从事的环节

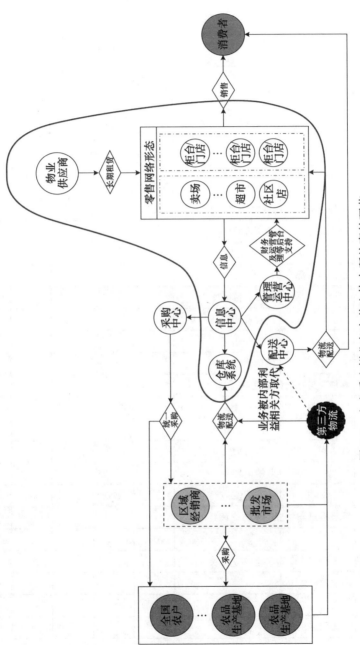

图 8-9 人人乐生鲜业务在共生体中所从事的环节

表 8-2

	价值链	业务环节	供应商	零售商	零售网络	物流商	物业租赁
	生产	生产制造	▨				
采购环节	采购	选择供应商		▨			
		商务谈判		▨			
		采购		▨			
配送	物流运输	分拣包装	▨				
		物流 / 运输	▨			▨	
零售商与零售网络之间							
配送	物流配送	分拣配货		▨			
		物流 / 运输		▨			
零售商内部							
后台管理	仓储	验货分拣入库		▨			
		日常货物管理		▨			
		出库作业		▨			
	后台管理	信息管理		▨			
零售商与零售网络之间							
后台管理	后台管理	财务管理		▨			
		物流信息管理		▨			
		人员培训		▨			
		营销策划		▨			
		品牌建设		▨			
零售网络与物业提供方之间							
后台管理	租赁						▨
	物业提供方 / 物业建设方投入						▨
	房屋建设						▨
	融资						▨
零售网络内部							

（续）

	价值链	业务环节	供应商	零售商	零售网络	物流商	物业租赁
零售网络后台管理	内部管理	零售门店建设			░		
		货架管理			░		
	仓储				░		
	零售网络与消费者之间						
销售	销售				░		
	零售网络与消费者之间						
销售	销售	促销活动			░		
	后台管理	出库作业			░		
		物流运输			░		
		财务结算、信息管理			░		

接下来，以利益共生体收入成本拆解为基础，将各成本收入项对应到模式中涉及的各利益相关方及其对应的财务会计科目；制作收入成本拆解二维表。部分收入成本拆解表如表 8-3 所示。

在分业务环节的收入、成本拆解表中，把财务科目和相应的关键因子都列出来，前者可以对应到财务报表的科目，后者则可以理解这些指标会和哪些因素相关，为后面的分析打下基础。例如，商务谈判和采购的关键因子是采购规模，人工费用和差旅费的关键因子是员工数量。那么，当采购规模上升时，显然对商务谈判、采购成本的影响就比较大，而对人工费用和差旅费的影响就相对比较小（有较小的间接影响）。

继续关注焦点企业的业务分布，分析各业务环节的效率，并找到关键绩效指标；对比分析关键绩效指标。这就可以形成同个共生体下不同商业模式的财务指标分析体系了。

表 8-3

价值链环节	业务共生主体创造的总交易价值	活动	业务共生主体的收入或者成本	对应的利益相关方	财务科目	成本属性	变动因子	释义
采购环节	供货商与零售商之间	选择供应商	搜索成本	零售商	记采购办公费用/人员薪酬	交易成本	固定成本	
			人工费用	零售商	记采购人员薪金（工资福利社保）	交易成本	变动成本	员工数量	人工费用（包括促销人员工资、福利、保险、劳动培训费等）
		商务谈判	议价成本	零售商/供应商	反应在制造商主营业务利润	交易成本	变动成本	采购规模	近似于供货商的净利润
			差旅费	零售商	记采购人员差旅费	交易成本	变动成本	员工数量	
		采购	商品货物成本	供应商	制造商的供货成本	货币成本	变动成本	采购规模	

步骤三

构建利益共生体财务分析指标树

根据第一步，在同个共生体下，不同商业模式实质上是利益相关者和业务环节的子集大小，又根据第二步，不同环节都可以按照活动环节拆解分析其收入、成本。因此，结合第一步和第二步，我们就可以列出不同商业模式的财务分析指标。

首先是整个共生体的财务指标。

在图 8-10 中，阴影部分都是比较重要的财务指标，第一级指标比如 ROE（净资产收益率），通过杜邦分析法，则可以不断分解指标到单店盈利能力（坪效额）、投资回收期 / 回报率、存货周转率等。

但这些指标是属于共生体类的通用指标，当对应到具体的共生体对象时，这些指标的内涵以及关键程度将会发生变化。

以固定租金零售共生体为例，其关键财务指标如图 8-11 所示。

显然，这些指标和整个零售共生体类的指标有所不同。

例如，分品类销售收入占比及毛利，在零售共生体类中属于关键指标，因为这和整个零售共生体的盈利能力是息息相关的，但是在固定租金共生体对象中就显得不那么重要，因为其盈利主要来自租金而非产品销售的价差。因此，这就产生了共生体类和共生体对象关键指标的背离。换言之，对共生体类来说价值更大的做法，未必意味着焦点企业在共生体对象中价值更大。共生体价值最大化（对应到同一个共生体类）和焦点企业价值最大化（对应为不同的共生体对象），这是两个命题。在分析不同商业模式的逻辑中，注意到这一点是很重要的。

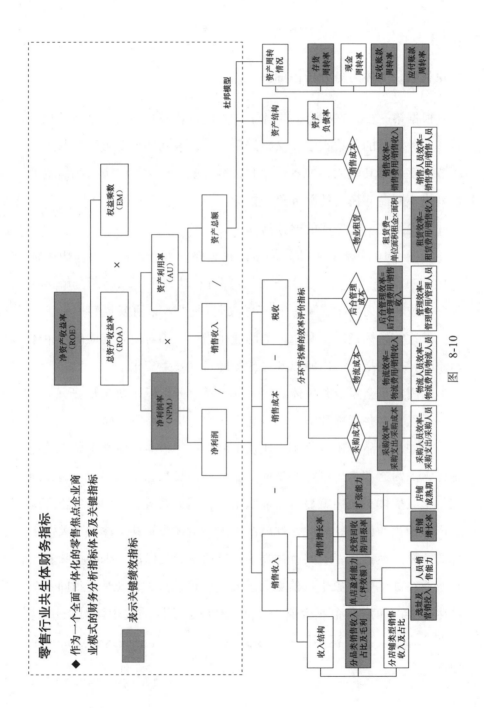

图 8-10

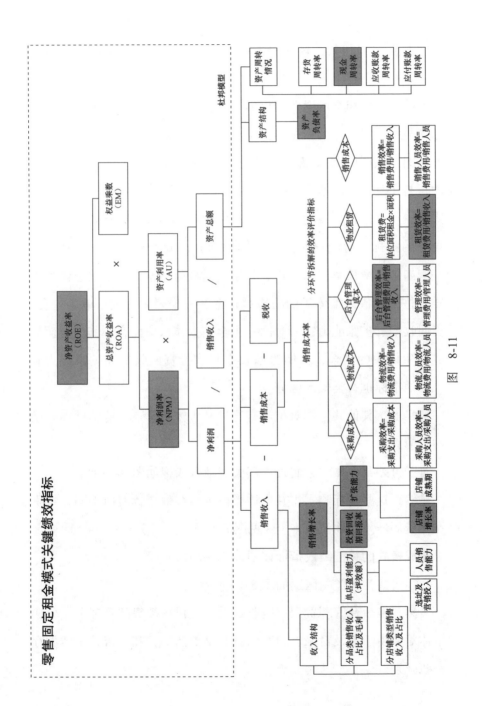

图 8-11

把共生体类和共生体对象的财务指标放在一起，会有更直观的对比。

不妨以固定租金的财务指标做一个范例。可以发现，有两类财务指标：与共生体一致的指标和焦点企业自身的指标（见图 8-12）。

在图 8-12 中，阴影部分的指标，焦点企业和共生体的含义是一样的，打个比方，扩张能力（主要指的是店面规模的扩张），对于共生体和焦点企业是一致的。而对于打深阴影的指标，则指的是焦点企业自身的指标，可能只对应共生体的部分，或者共生体只是其一部分。例如销售增长率，固定租金共生体对象就和整个零售共生体类不一样。整个零售共生体类的销售增长率和三个因素有关：单店盈利、投资回收期、扩张能力；而对固定租金共生体对象而言，其销售额只对应共生体中的租金，其销售增长率只和投资回收期和扩张能力有关。其他指标也有类似的区分。

事实上，其他共生体对象也有这种共生体与焦点企业不同绩效指标的对应关系。

对于价差共生体对象而言，其关键绩效指标如图 8-13 所示。

显然，这些指标和零售共生体类的关键绩效指标有所不同，特别是在存货周转率和物流成本上（见图 8-14）。

分成模式的关键绩效指标如图 8-15 所示。

和零售共生体类的区别如图 8-16 所示。

显然，在后台管理费用、应收账款、应付账款等的管理上，分成共生体对象由于涉及对账、相互信息共享等活动，和零售共生体类存在一些区别。

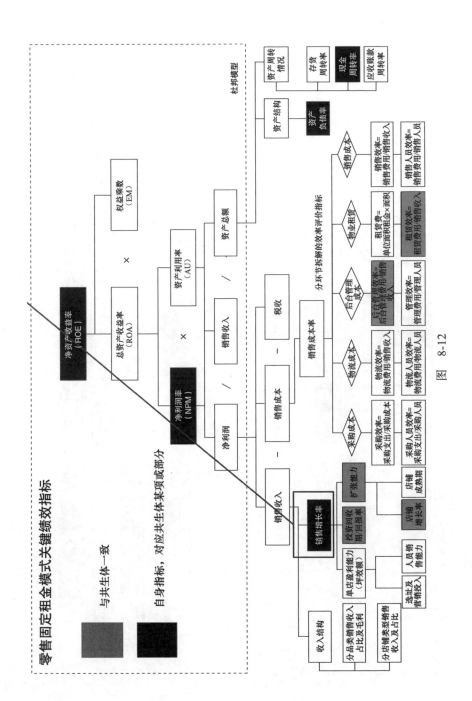

图 8-12

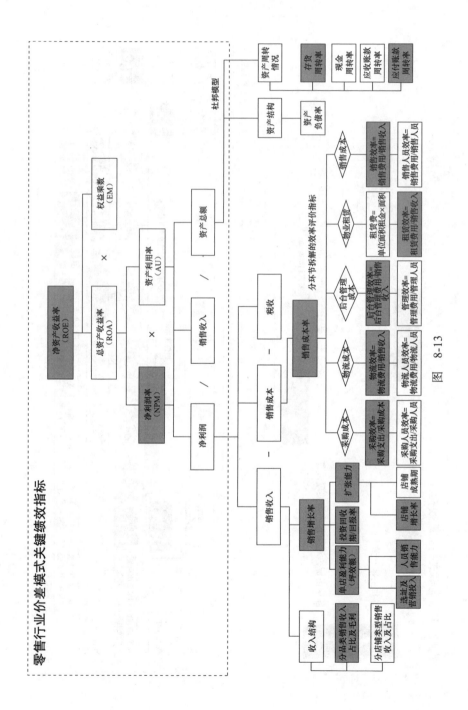

图 8-13

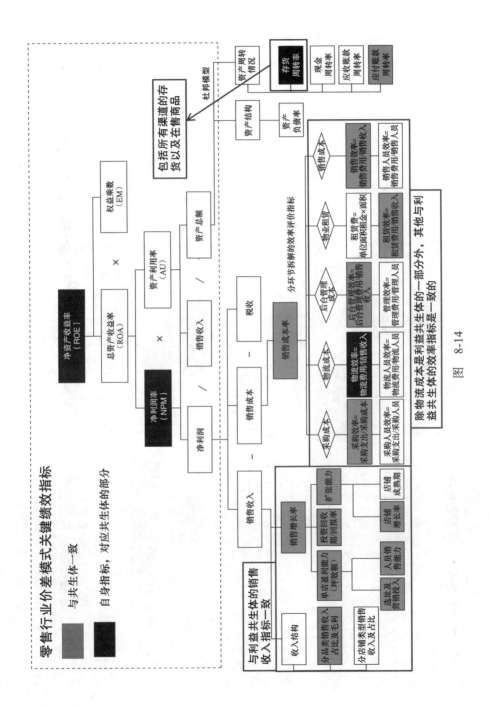

图 8-14

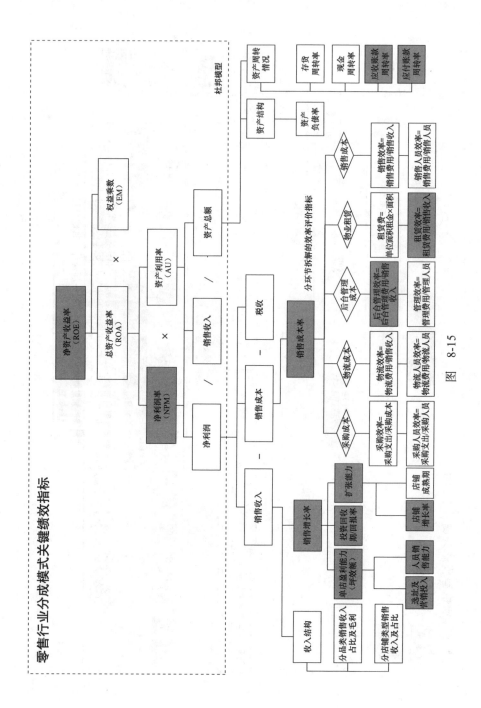

图 8-15

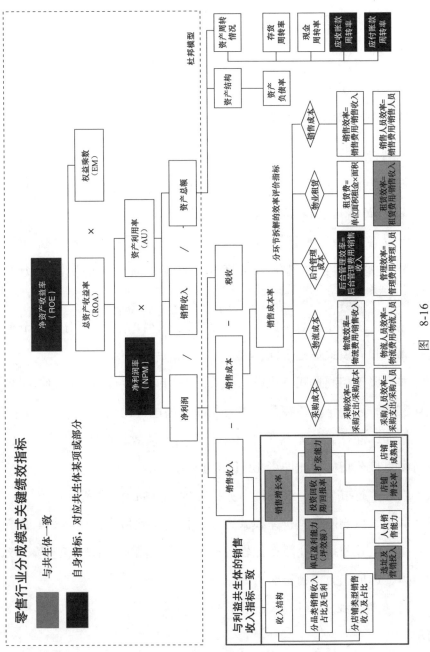

图 8-16

有了这些基础之后，我们就可以开始对比不同商业模式的效率了。

步骤四

对比分析不同企业的财务表现

不同共生体对象，意味着其关键绩效指标不同，从而对应的关键资源能力也不同，应该对比的是共生体类的价值创造能力和利益相关者之间各自的讨价还价能力；而在同一种共生体对象下的不同共生体实例，其关键绩效指标是相同的，对应的关键资源能力也一样，差别在于关键绩效指标的高低，也就是关键资源能力的大小。

显然，要对比分析不同企业的财务表现，首先需要区分这两个企业是属于相同模式还是不同模式。

如果属于相同模式，也就意味着是在相同共生体对象下的不同共生体实例，因此，应该在共生体对象的层面进行比较。

例如，同样是价差共生体对象，其关键绩效指标体系基本一致，这时候直接分指标对比即可（见图 8-17）。

以永辉超市为例，其关键财务指标的分析如表 8-4 所示。

那么，只要同样是价差模式，业务接近，就可以按照表 8-4 做出财务指标，并分指标比较，比较各种关键资源能力，如战略选择、议价能力、选址能力、销售能力等。

同样地，我们可以分析租金模式的关键绩效指标，如图 8-18 所示。

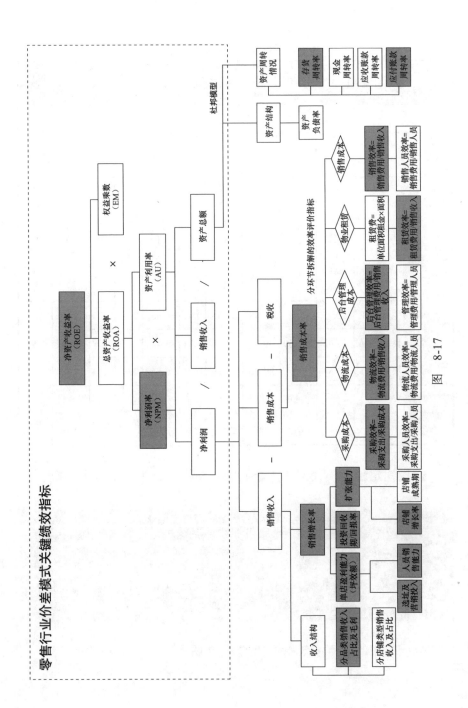

图 8-17

表 8-4　永辉超市关键绩效指标

第一层整体指标	净资产收益率（ROE）									
	10.67%									
第二层关键绩效指标	收入结构	销售增长率		销售成本率					资产周转率	
	分品类毛利率%	坪效	店铺增长率%	采购效率%	物流效率%	后台管理效率%	租赁效率%	销售效率%	存货周转率	应付账款周转率
生鲜加工	12.95		39.40	87.35	0.81	4.83	2.01	3.39		
食品用品	18.02	11 559	40.20	82.28	0.81	5.48	3.54	3.39	7.54	5.97
服装	28.54		27.00	71.76	0.81	6.65	7.98	9.43		
第三层对应的关键资源能力	战略选择、议价能力	选址能力、销售能力	店铺资源、资金资源	议价能力、管理能力	物流网络资源	内控及管理执行能力	选址能力	销售能力	管理能力、销售能力	议价能力

衡量固定租金模式型焦点企业的效率指标分为以下三个层次。

第一层总体指标	净资产收益率（ROE）/投资收益率						
第二层关键绩效指标	销售增长率		销售成本率			资产周转	资产结构
	投资回收期	店铺增长率	后台管理效率	租赁效率	销售效率	现金周转率	资产负债率
第三层对应的关键资源能力	选址能力、销售能力（包涵广告、促销等品牌建设投入）	店铺资源、资金资源（融资能力）	内控及管理能力	选址能力	销售能力	议价能力	融资能力

分成模式的关键绩效指标如图 8-19 所示。

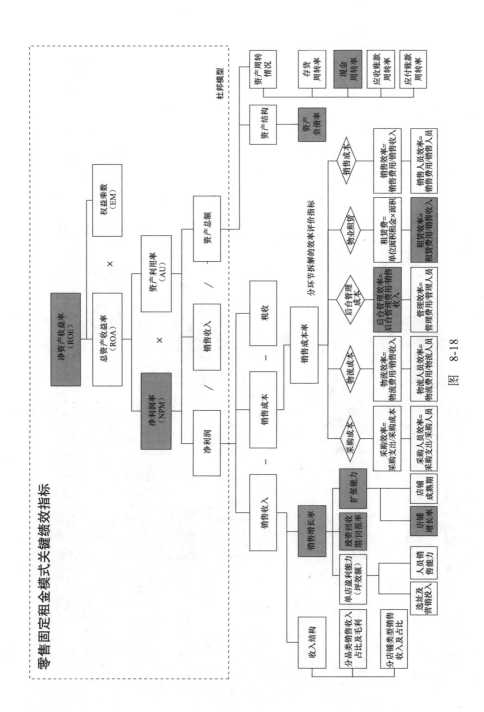

图 8-18

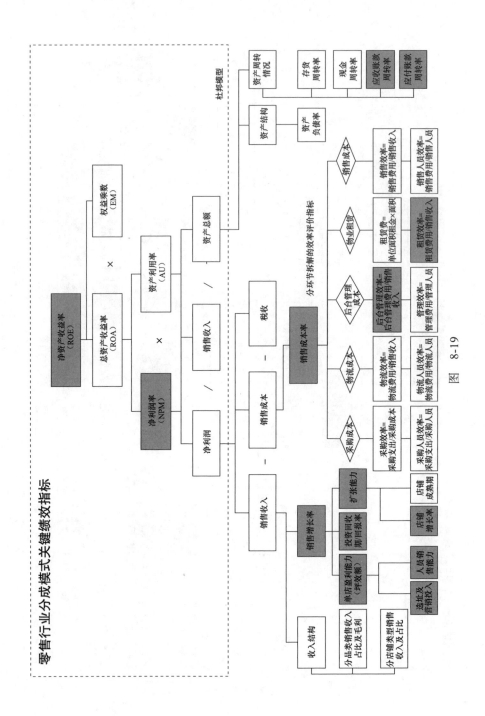

图 8-19

衡量分成模式型焦点企业的效率指标分为以下三个层次（见图 8-20）。

第一层总体指标	净资产收益率（ROE）/投资收益率					
	销售增长率		销售成本率		资产周转	
第二层关键绩效指标	单店盈利能力（坪效额）	店铺增长率	后台管理效率	租赁效率	存货周转率	应收、应付账款周转率
第三层对应的关键资源能力	选址能力、销售能力（包涵广告、促销等品牌建设投入）	店铺资源、资金资源（融资能力）	内控及管理能力	选址能力	管理能力、销售能力	议价能力

图　8-20

而如果分属于不同的商业模式，则意味着是在相同共生体类的背景下，对比不同共生体对象，就要分为两步比较。

第一步，是分析整个共生体关键指标的强弱（见图 8-21）。

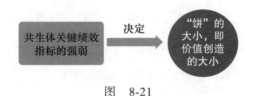

图　8-21

例如，对零售共生体类而言，为了把价值创造做大，其关键指标如图 8-22 所示。

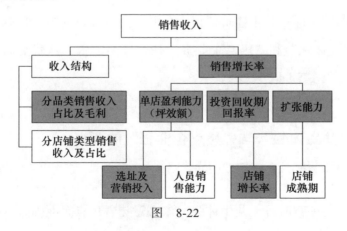

图　8-22

　　共生体应该从分品类销售收入占比及毛利、单店盈利能力、投资回收期、扩张能力等方面去寻求突破。

　　第二步，是共生体内部不同利益相关者的力量对比（见图 8-23）。

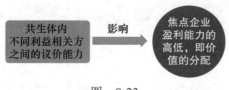

图　8-23

　　例如，同样是单店盈利能力，可以来自总部的统筹能力，也可以来自店长的经营能力，如果总部统筹能力对单店盈利影响更大，则应该获得更高分配，反之亦然。讨论这个问题的前提是商业模式结构既定（共生体对象不变），因此，会影响的主要是定价的数量差异（例如，同样是租金，一个月是 1000 元还是 1200 元；分成的话，是 30% 还是 40%），而非定价的性质差异（不代表从租金共生体对象变为分成共生体对象）。

　　最理想的情况当然是，焦点企业既能够促进共生体整个价值的扩张，又可以在共生体中得到较好的议价地位。但在现实中，这两者经常是背离的，即：共生体价值最大化和焦点企业价值最大化是两个命题。"共生体强"和"焦点企业强"往往并不一致，这就给商业模式提升留下很多空间。

8.3　"共生体强"与"焦点企业强"的背离

商业模式的内生动力与演化路径

　　正如上一节所言，共生体强，未必意味着焦点企业强，这种内在相互背离的矛盾，实际上为商业模式的演化提供了一个演化的内生动力。

共生体与焦点企业的关键资源能力评价存在四种不同的组合，如图 8-24 所示。

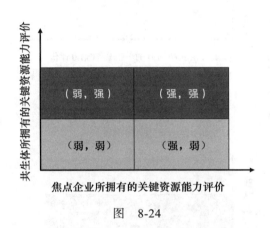

图　8-24

共生体强，焦点企业不一定强，只有当共生体中有利于焦点企业的关键资源能力强时，焦点企业才会更强。

通过图 8-24，我们可以分析很多商业模式的演化路径。

例 1：假设一个价差模式的焦点企业起初位于（强，弱）区间里，例如：焦点企业自身很强，但是共生体中供应商较为分散不利于焦点企业降低采购成本，像永辉超市的生鲜供应商都是一些分散的农户，所以永辉超市不得不建立庞大的采购团队，这种情况下我们就可以选择较大的农产基地或者借助一些方式培育大型农户的方式提升上游供应商的集中度，使得共生体与自身都得到提升，进入（强，强）区间（见图 8-25）。

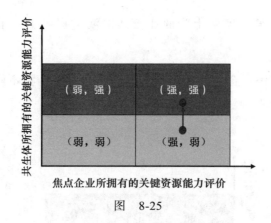

图　8-25

例 2：家电分成模式的商业模式演化简史（见图 8-26）。

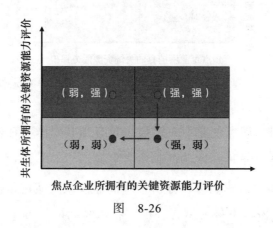

图　8-26

第一阶段：国美、苏宁家电渠道商在最初成立的时候，由于自身的品牌效应不强，但共生体中供应商的品牌效应更占优势，议价能力更强的时候，焦点企业与共生体位于（弱，强）区间里。

第二阶段：当渠道商借助外部资金店铺数量快速增长，品牌效应建立，渠道商与共生体中供应商的关键资源能力相当，焦点企业与共生体进入（强，强）区间。

　　第三阶段：渠道商的店铺资源及品牌效应达到一定程度，而共生体中供应商的品牌影响作用变弱而自身又缺乏其他销售时，焦点企业的议价能力倍增，从而进入（强，弱）区间。

　　第四阶段：当外部新型渠道不断发展，或者共生体中供应商自建销售渠道，使得供应商对于焦点企业依赖降低，议价能力提升，导致原有焦点企业与其所在的共生体进入（弱，弱）区间。

　　作为焦点企业需要根据共生体内外部利益相关方的关键资源能力的变化，改变或提升自身的资源能力配置，或者通过改变商业模式，适时进行调整，从而使自身始终处在强的位置。显然，国美、苏宁在这一点的思考和布局上并没有做好充分的准备。

　　例 3：固定租金的做强路径（见图 8-27）。

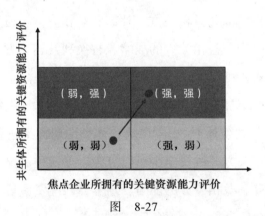

图　8-27

　　假设一个固定资金模式商场在刚建立的时候品牌效应、选址都一般，招租时很难获得品牌较强的商户的青睐，处于（弱，弱）区间。

　　但当借助广告宣传等营销方式，商场的知名度提升，加之周边大型生活区的建立，客流量增加，一些大型品牌商进驻，焦点企业与共生体进入了（强，强）区间。

8.4　如何改进商业模式

商业模式二维比较模型

将各个业务环节的成本、收入归因到不同的内、外部利益相关方 [如图 8-28、图 8-29 所示，其中：BM 表示不同商业模式（Business Model）的焦点企业；SH 表示不同商业模式中涉及的利益相关方（Stake holder）]，从而分析不同利益相关方对共生体的效率贡献。

其中纵轴是利益相关方的效率。利益相关方的效率反映了利益相关方在不同模式中的能力大小、模式效率以及角色（从事的活动）。利益相关方包括内部利益相关方、外部利益相关方。通过提升利益相关方的能力、改变利益相关方的战略、替换利益相关方、改变利益相关方的商业模式，可以实现焦点企业整理效率的提高。

对纵轴的变革提升，其实是改变了共生体对象（例如，从租金共生体对象到价差共生体对象），在共生体类的层面上进行，其改变主要是针对利益相关方。改变至少可以分为以下四种情况。

第一，提升利益相关方的能力，培养、匹配资源等，例如提高合作伙伴的供应链管理能力、财务管理能力等。

第二，改变利益相关方的战略，例如让供应商的原材料采购从大规模、低毛利市场改为高毛利、小规模市场，或者从一般的百货采购改为生鲜采购等。

第三，替换利益相关方，找更好的利益相关方组合，例如房地产开发商选择资本更为充裕、社会资源更为丰富的合作伙伴。

第四，改变利益相关方的商业模式，例如京东把物流从合作改变为自建，苹果把应用软件部门改变为外部合作的 app 开发团队等，其利益相关方的模式跟传统模式相比都有很多差异。

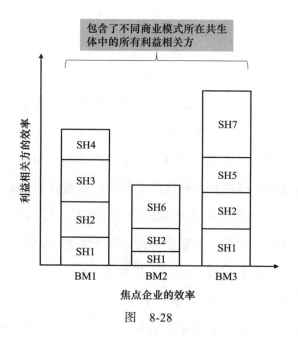

图　8-28

横轴是焦点企业的效率。焦点企业的效率涵盖了三个层次，涉及对焦点企业战略、模式、能力等方面的评价。焦点企业可以通过提升能力、改变战略、设计模式三个不同的层面提高自身的效率。

横轴的变革提升，主要基于商业模式基本结构既定（同个共生体对象，例如价差）的前提。其改变主要是针对焦点企业，分为至少三种情况。

第一，提升焦点企业的能力，指的是在战略、模式既定的情况下，焦点企业提升自己在关键资源能力上的表现。例如，在价差共生体对象中，提升采购效率、存货周转率、应付账款周转率等。

第二，改变焦点企业的战略，例如，对价差共生体对象而言，变化产品组合，增加高毛利的产品组合。

第三，改变焦点企业的商业模式，例如，对零售而言，增加线上频道的利益相关方，形成 O2O，扩大销售额基础（仍然属于价差共生体对象）。

在共生体整体价值创造能力既定的情况下，各方实力的变化就会导致交易方式的变化，从而影响共生体内的价值分配。借助波特五力模型（见图 8-29）可以定性地分析共生体内不同利益相关方的实力变化，从而分析共生体内价值分配的合理性。需要注意的是，波特五力模型，是基于商业模式基本结构既定（同个共生体对象）下的分析。由于是结构既定，因此，其价值分配主要是影响价格的量，而非价格的性质（前文已经有详述，这里不做赘述）。此外，波特五力模型主要是静态模型，针对的是在一段时间内相对稳定的产业结构，因此，对于快速演化的产业可能就不太适合，需要更为动态的分析框架。这是在应用波特五力模型时需要注意的地方。

通过扩大焦点企业内部利益相关方的能力，在共生体获取更多价值。这种价值一般需要成本的投入，但只要价值获取能力高于成本投入，这种能力的扩大就是有利的。

以永辉超市和人人乐的生鲜为例，利益相关方包括供应商、采购员、业主、销售，其中永辉的供应商是农户，采购员是买手团队，销售是卖手团队；人人乐的采购员和销售均来自供应商（见图 8-30）。

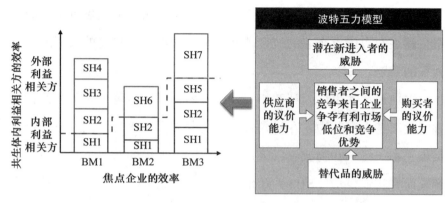

图　8-29

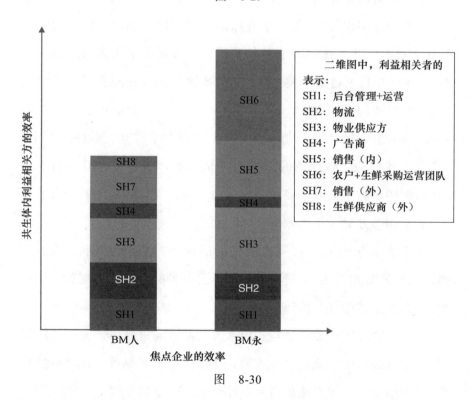

图　8-30

从图 8-30 这张二维图中，我们可以清晰地看出，永辉超市共生体与人人乐共生体之间整体效率的差异。横轴表示的是焦点企业的效率，越往右边焦点企业的效率越高。企业永辉超市自身的效率高于人人乐的效率。

纵轴表示共生体内利益相关方的效率，纵轴值越大表示利益相关方的效率越大。其中，在后台管理与运营方面，永辉与人人乐的效率贡献基本一致。在物流、广告宣传方面，人人乐的效率贡献略高于永辉。而在物业供应（SH3）方面，永辉的物业供应方的效率贡献高于人人乐。永辉内部销售（SH5）对整个共生体的效率贡献大于人人乐的外部销售（SH7）。此外，永辉超市中，农户＋生鲜采购运营团队（SH6）对整个共生体的效率贡献非常大，远远高于人人乐的外部生鲜供应商（SH8）对整个共生体的效率贡献，而这一点正是二者商业模式上最主要的不同点。

综合来看，越往右上角，整个共生体的效率越高，越往左下角，整个共生体的综合效率越低。图 8-30 清晰地体现出了永辉的商业共生体效率明显高于人人乐商业共生体的效率，而且清楚地展现出了每一个利益相关方对于整体效率贡献的大小。

对于人人乐而言，在不改模式的前提下，想要从（弱，强）到（强，强）（见图 8-31），关键在改变和提升自身的资源能力配置，使自身在利益共生体中处于优势地位，例如：

第一，通过营销促销手段、引入大型品牌商进驻，提升商场的知名度，增加商场的客流；另一方面，增加优质自有品牌，强化自身商品经营的能力，这也是增加商品差异化的一个重要手段。

第二，从提高供应商的盈利能力着手，改进或者提升供应商的关键资源能力，例如，从销售环节入手，增加对供应商销售能力的培训；引入激励机制在供应商中形成良性竞争（销售额达到多少可返利、降低抽成比例）；寻找规模大的全国性供应商合作，降低供应商的分散度。

第三，从自身的管理入手，加强对生鲜的物流、仓储、补货、销售管理，完善管理的流程化、标准化、软件化，引入大数据和物联网管理。此外，如果引入规模较大的供应商，也可以采取合作开发的方式，降低自身的投入。

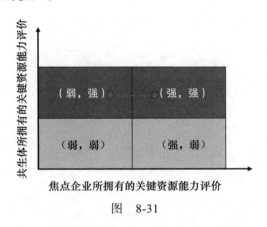

图　8-31

而如果要通过改变商业模式提升竞争优势，人人乐则需要重新构建共生体内利益相关方的资源能力。

从对比价差、分成＋固定租金两种模式的资源能力分布情况，可以看出两种模式对于焦点企业的资源能力的要求存在较大的差异，价差模式对于焦点企业的资源能力要求较高。如果人人乐要从分成＋固定租金的模式转变为价差模式，首先就需要获取相关的资源能力，包括销售能力、品类管理能力、采购能力、客户资源，如何获取相关的资源能力以及获取的难易程度就成了问题的关键。

销售能力：可以招聘一些有经验的销售人员，或者直接将一些门店的销售人员内部化（将外部利益相关者变为内部利益相关者），但需要建立好合适的激励机制，否则可能导致短期内人员流动性较高的问题。

品类管理能力、客户资源：需要较长的时间积累，品类管理能力直接决定了商品的吸引力，会影响门店的盈利能力。

采购能力：可以采取把生鲜供应商从外部利益相关者变成内部利益相关者，培养买手团队。但这需要强大的管理、培训团队，并且需要较长的时间。

第 9 章

单边平台模式

———

很多行业都被认为存在天然的规模天花板，很难做大。例如，管理咨询、律师、设计、农业种植、畜牧业养殖等。这些行业都存在类似的特点：受个体专业技能、努力程度影响较大；不容易监督管理；其发挥最有效率的人员规模一般都较小，等等。这些行业的商业模式，分为两大类：分散化的个体户或者工作室；松散组织化的合作社或合伙制。纯公司制的商业模式在这些行业面前望而却步。

然而，规模天花板低的行业难道真的是纯公司制商业模式的终点吗？是否存在这样一种商业模式，能够把这些规模天花板底的行业聚合起来，形成一个统一、集约、有效率的、规模天花板高的公司？我们从香港利丰集团讲起。

9.1　国际贸易的单边平台

香港利丰

国际贸易被广泛认为是难以做大的行业之一，理由如下：如果涉及环节太少，形不成范围经济，做不强；如果涉及环节太多，外部服务难度和内部管理难度则成倍增加，事倍功半，单个环节形不成规模经济，效益低；服务团队由于和客户接触更为紧密，对客户影响力更强，很难内部控制，专业化规模边界有限，做不大。

香港有一家叫作利丰集团的著名企业，广泛涉足多个贸易品类，横跨多达 10 个产业链环节，容纳数百个专业销售、服务团队，称得上是国际贸易公司的异类，曾被《哈佛商业评论》多次列为商业案例研究对象。

2010 年，利丰贸易、物流及分销业务的营业额达到 159.2 亿美元，员工总人数为 27 000 人，业务遍及全球逾 40 个经济体系，拥有 15 000 家供应商所组成的环球采购网络，全球客户达到 2 000 多名。

利丰贸易、物流及分销业务的商业模式可以概括为：在劳动力成本和生产能力存在国际差异的背景下，整合具有一定制造优势地区（以东南亚为主）的劳动密集型消费品资源，为欧美客户提供从设计到产品交付的服务和广阔的消费品选择空间，收取订货额 6% ～ 12% 的佣金。

利丰的采购出口产品主要以成衣、纺织品为主，还包括时尚饰物、家具、礼品等在国际成本差异下采购地具有成本优势的劳动密集型消费品。客户包括金宝贝（Gymboree）、阿博菲奇（Abercrombie

& Fitch）、玩具反斗城、迪士尼、雅芳、锐步（Rebook）、可口可乐、Esprit、德本汉姆（Debenhams）等。利丰不仅为供应商和客户提供中介服务，还为客户提供整个出口贸易供应链内各种增殖多元化组合，包括市场研究、产品设计开发、原材料采购、工厂选择、物流送达及融资等服务，涉及 15 个制造业务活动中的 10 个（包括产品设计、商品开发、原材料采购、选择工厂、生产安排、付运安排、运输统筹、关税办理、本地分销统筹、总代理），帮助顾客降低采购成本，缩短交货时间，提高产品附加值。

利丰的供货商都是专业化分工的工厂，利丰并不参与投资，而是通过产能控制。利丰通常占用供货商 30% ～ 70% 的产能，理由在于：超过 70%，供货商会对利丰形成依赖，丧失自身的竞争力；少于 30%，利丰则无法形成大客户的影响力；介于两者之间，合作效率高又保持了灵活性。

客户由于自身产业价值链禀赋的不同，与利丰参与的 10 个供应链可能会有交叉，利丰会根据实际情况，对客户"缺啥补啥"。例如，假如客户在产品设计、商品开发方面比较强的话，利丰就为其组装、提供原材料采购、选择工厂等剩下的 8 个环节。其他依此类推。

利丰目前有数百个事业部制的销售、服务团队。每个事业部团队一般由 20 人组成，包括经理、贸易员工（包括产品经理、高级采购员、采购员、助理采购员等）、品质监控员工（包括品质监控经理、品质监控主管、高级品质监控员、品质监控员等）、船运员工及其他员工。每个事业部团队业务规模为 2000 万～ 5000 万美元，当超过 5000 万美元时，就必须分拆为两个团队单独运作。每个事业部团队都按照客户所涉及环节的具体情况，组合少至一个、多至十个的环节，"为每一个订单打造一条最优的供应链，为客户提供最大弹性和最具竞争力的产品"。事业部经理的主要收益来自与业绩挂钩的提成。

其实，对事业部团队而言，利丰实质上为其建构了一个"单边平台"：平台企业（利丰）提供了品牌、金融支持、业务信息系统、行政人力资源等基础设施，整体上是一个有规模经济的专业化平台；平台上的业务自主体（事业部团队）负责销售和服务客户，其构成达到规模经济边界；业务自主体内部由多个环节组成，这些环节的组合存在范围经济；平台企业和业务自主体之间存在协同效应，其组合具备范围经济。

9.2　创造新的规模经济与范围经济
单边平台的平台企业与业务自主体

单边平台，是指把每个具备单独要素能力的环节或多个环节的组合（以达到范围经济边界为限）转换成以其为中心的业务自主体（以达到规模经济边界为限），并为其搭配具备互补资源能力组合（缺啥补啥）的平台企业。平台企业和业务自主体的总和，称为单边平台商业模式。

此处需要解释什么叫作规模经济边界和范围经济边界。规模经济，是指企业增加某一要素的投入（例如资金、人员、机器等），其每单位要素投入的经济效益提高；规模不经济，是指企业继续增加该要素的投入，其每单位要素投入的经济效益开始下降。在这两者之间，存在一个单位投入上经济效益最高的临界点，我们可以称之为该要素的投入达到了规模经济边界。例如，一个销售团队里面，从 1 个人一直扩张到 10 个人，其人均利润都在增长，这就是规模经济；从 10 个人以上继续扩张人员规模，其人均利润就开始下降，就是规模不经济。10 人是个临界点，我们就称之为规模经济边界。

范围经济，是指当企业经营范围（产品、涉足环节等）扩大时，某要素（资金、人员、机器等）每单位投入的经济效益提高；范围不经济，是指企业继续扩大经营范围时，该要素单位投入的经济效益开始下降。在这两者之间，存在一个单位投入经济效益最高的经营范围临界点，我们称之为范围经济边界。例如，一个企业从原材料采购（1 个环节）一直扩张到包括设计开发、原材料采购、生产制造（3 个环节），其单位投入的经济效益（如资产收益率、人均净利润等）一直在提升，这就是范围经济；当继续扩张到包括设计开发、原材料采购、生产制造、渠道经销（4 个环节）后，其单位投入的经济效益开始下降，就是范围不经济。临界点为 3 个环节，也就是范围经济边界。后文我们会阐述，这里的环节可以指把业务活动（采购、生产、销售等），资源（资金、人力、技术、管理等）完全切分后的任何一个或者几个的组合，当然也可以指多种业务（包括产品和顾客）的范围经济。

每个行业或者环节，都有一个相对稳定的规模经济边界或范围经济边界。例如，像专业性比较强、知识密集型、对个人能力要求比较高的诉讼类的律师事务所，一般规模都不会太大。若干个资深律师凑在一起，雇用一些年轻的法律专业毕业生打下手，就形成一个合伙制的律师事务所。当年轻律师成长起来后，有两个出路：第一，要求成为合伙人，获得团队协作的部分剩余；如果得不到回应，就只能选择第二条路——出去单干，成立一个新的律师事务所。也就是说，诉讼类的律师行业规模经济边界较小，一超过这个边界就要裂变为两个独立的个体。由于规模经济边界小，就很难产生太多的剩余收益（与资本驱动的模式相比），因此，一般要求团队都相对比较全能，律师要同时负责销售、处理案子、服务等环节，投入也是全方位的，包括资金、关系、人力等。与专业化分工、资本驱动的现代化企业相比，这种全能型合伙企业的人均产值一般都不会太高。个人能力全面性成长，人均产出全面性落后，这大概就是这种知识密集型企业的尴尬写照。

在行业相同的前提下，当业务活动（或者功能）在平台企业和业务自主体之间分配不同时，业务自主体的规模经济边界是不同的。例如，如果平台企业承担了更多的集权活动，业务自主体只承担了很单一的业务功能，则业务自主体的规模经济边界可能较小；反之，如果业务自主体需要承担较多活动，则可能规模经济边界相对较大。平台企业对业务自主体有约束、管理和支持、激励的双重作用。业务自主体规模经济边界过大，会削弱平台企业对诸多业务自主体的向心力。这种关系有点类似于恒星和行星的关系，一般恒星要比行星多几个数量级，而跟恒星规模越接近的行星，越有可能逃离恒星的万有引力。除了要考虑整体单边平台的规模经济、范围经济，为了使单边平台的交易结构更加稳定，在处理平台企业和业务自主体的关系时，还有两点需要注意：第一，要在平台企业和业务自主体之间合理分配活动（或者功能），使平台企业和业务自主体的规模经济边界数量级形成一定的落差（前者大于后者）；第二，在业务自主体的设施基础、技术基础和管理基础升级后，业务自主体规模经济边界可能会扩大，此时，平台企业的设施基础、技术基础和管理基础也应保持适度的升级，或者重新分配双方活动（或者功能），使双方的规模经济边界保持一定的数量级落差，从而形成更稳定、可持续性更强的单边平台结构。

单边平台的好处是：把规模经济边界小的业务变成一个一个的、分权的自主体，把集合在一起、规模经济边界大（或者具备规模经济）的业务变成一个统一的、集权的平台；同时，平台企业和自主体也按照其范围经济边界自由组合，使单边平台的总和形成范围经济。从而，实现不同规模经济边界、不同范围经济边界的环节在一个体系内和谐共存。

以利丰为例，在传统贸易商业模式下，服务团队存在规模天花板做不大，不同服务环节的组合虽然范围经济边界大，但由于量不大，单个环节没有规模经济，相互牵制，就很难形成较大的规模。利丰通过建立单边平台，使服务团队及其面向的市场形成了总体较大的规模；与此同时，涉足多个服务环节，形成多个服务环节之间的范围经济。由于市场规模大，足以养活单个环节，能实现规模经济。因此，利丰同时收获了规模经济和范围经济的效益，规模远远超过传统国际贸易服务公司能实现的规模，大大地推高了国际贸易服务行业的总规模天花板。

需要强调的一点是，所谓规模经济边界和范围经济边界的大小，都基于一定的设施基础、技术基础和管理基础（例如，在不改变设施基础、技术基础的前提下，环节的标准化、专业化程度更高，环节间的交流界面更简易、标准等）并受其制约。当设施基础、技术基础和管理基础改进和提升后，规模经济边界和范围经济边界也会得到相应的扩大。

某农业公司通过土地流转获得连片土地，投入种植技术、种苗、化肥、管理标准等现代农业基础设施，形成单边平台，以100亩为一个种植单元，以1000亩为一个管理单元，农户只负责田间劳作环节，其收益是有保底的业务提成，比传统模式下大幅度提高，打破了在传统小农经济模式下农业组织规模做不大、农民收入上不去的死局。跟传统模式相比，一个农户可以管理的农田扩大了十倍，这一方面是因为技术提升、基础设施升级，另一方面也是因为农户涉足的环节单一化、专业化，更容易标准化，从而管理基础也得到提升的结果。在这个例子中，规模经济边界因为技术基础、设施基础和管理基础的升级而扩大了。

需要澄清两类规模经济的区别。对单边平台来说，存在两类规模经济：第一类是上文提到的业务自主体的规模经济。例如，当利丰每个销售团队达到5000万美元销售额时，其规模是最合适的，达到又不超过规模经济边界。第二类是聚合了平台企业和业务自主体的单边平台整体的规模经济。例如，以前农户只能种植10亩地，现在通过单边平台组织起来的某农业公司可以实现同时种植几十万亩、几百万亩等，其整体规模成几何级数增长，实现了更高层级的规模经济。第二类的整体规模经济，是同时达到第一类中业务自主体的规模经济边界、自主体之间相互组合的范围经济边界和平台企业环节的规模经济边界之后的结果，两类规模经济的说法并不矛盾。

此外，规模经济与范围经济可以统一于同一个自主体内部。业务自主体可以是专业化的单一环节，也可以是一体化的多个环节。一体化下，环节之间的组合需形成范围经济；而环节组合之后的一体化业务自主体的整体，又具备规模经济。

单边平台，作为一种能有效解决规模天花板、极大拓展企业边界、实现平台整体更高层级的规模经济的商业模式，值得关注。

9.3　切割、重组与交易价值、交易成本、交易风险

单边平台要形成集权的平台企业和分权的业务自主体，就涉及对原来商业生态的业务活动、资源的重新配置，也就是切割和重组。其中切割涉及两类对象：业务活动和资源。

业务活动，类似于产业价值链。例如，养殖按照业务活动可以分为饲料和种猪供应、饲养、销售等。

资源。例如，饲养这个业务活动可以分成土地、资金、管理标准、技术、劳动力等资源。

每个业务活动或者资源及其组合，都有潜力成为一个独立的业务自主体。

某家电厂商建立连锁专卖店，对店长的业务活动定义只是客户的创造与捕捉，剩下的物流配送、收款、安装、服务等均为家电厂商所

建立的单边平台所提供。专卖店的业务活动可以切割为客户捕捉、销售、配送、服务等，还可以按照资源切割为资金、地点、管理标准、人力等。单边平台下的专卖店只专注客户捕捉、执行、门店人力等规模经济边界较小的环节，剩下规模经济边界较大的环节都由平台企业统一调配，发挥了平台企业和业务自主体各自的优势，运营效率和效益都得到巨大的提升。

相比之下，有些家电厂商虽然也建立了专卖店，但是店面需要负责销售、物流、服务等一系列业务活动，资金、地点、人力等一系列资源投入。即使从表面上看，这些专卖店从家电厂商拿到了比上面例子两倍还多的销售扣点，由于各个业务活动和资源形不成规模经济和范围经济，最终拿到手的收益反而有可能更低，整个专卖店体系的竞争力也不强。

对环节的切割和重组，实质上延续了企业变革、发展的主线，并重新构建了一种新型的商业模式组织（以区别于传统的企业组织）。

最开始，社会的基本经济单元主要是手工业、农业的个体户，分工程度不高、专业化水平低下。随着技术的进步和分工的发展，按照专业化分工的不同，对这些个体户的环节重新切割、重组，并按照纵向业务价值链（采购、生产、销售等）和横向基础设施价值链（人力、资金、战略、技术等）的组合形成企业组织。企业组织的出现，极大地扩大了社会基本经济单元的规模，提高了单位资源投入的效益。

单边平台模式的最大价值在于把这种分工、专业化和组织化的切割、重组做了两方面的拓展：首先，是切割得更细，对业务活动和资源进行切割；其次是切割、重组的对象不只针对内部，也针对外部，或者说，是通过单边平台模式把外部利益相关者内部化了。跟传统企业组织相比，聚合了平台企业和业务自主体的单边平台可称为商业模式组织。

单边平台在面向最终客户一端，并没有太大的商业模式变革，但是在商业模式组织内部一端，把以往分散化的利益相关者以平台式的方式组合起来，是一种深刻的商业模式变革。不管对平台企业还是业务自主体而言，单边平台模式都大大扩大了其交易对象，把以往分散在一个个孤立交易对象中的价值空间聚合起来，实现了更高层级的整体规模经济，这是单边平台的交易价值创造来源（或者称交易价值）。同时，切割和重组（包括构建之后的运营）都需要耗散一定的交易成本。一个可行的单边平台设计剧本就是寻求其交易价值创造大于交易成本耗散的过程。设计包括构建和运营两个阶段，可能有些单边平台在构建阶段交易价值创造低于交易成本耗散，但是由于在运营阶段的增值较大，从综合构建和运营两个阶段的效益看，如果总交易价值创造大于总交易成本耗散，也是可行的单边平台设计。

提升交易价值创造，就是要极大地扩大平台企业和业务自主体的交易对象，聚合交易对象本来分散化的价值空间，实现更高层级的整体规模经济。前文已经讲过，整体规模经济来源于业务自主体达到规模经济边界、平台企业与自主体之间相互组合达到范围经济边界和平台企业环节达到规模经济边界。因此，可以从扩大规模经济边界或者范围经济边界着手。

某边远地区甲级设计院原来采取的是传统模式，从接单、方案设计、绘图设计到图纸出版、服务等都独立承担，一年到头，人均营业额也才二十几万元。幸好身处边远地区，各种成本相对低廉，否则净利润就要所剩无几了。

后来，某设计院重构商业模式，构建单边平台模式，网罗、聚合了一系列独立的设计师团队，其中有北、上、广等一线大型城市的甲级设计团队，也有二、三线城市的设计团队。根据各自的资源重新配置合作交易结构，例如北、上、广团队品牌较强，方案设计水平高，就为其配置销售、绘图等资源；有些团队销售能力很强，平台就为其提供品牌、制图、出版等；有些团队总体设计能力很强，平台就为其搭配销售、制图、出版等，使每个业务自主体都达到规模经济边界。

而业务自主体内部多个环节又可以通过范围经济聚合在一起。每个团队都可以是一体化（同时涉及多个环节，如销售、设计、制图等）或者专业化，不同团队根据环节互补的原则，可以无缝组合在一起，形成一个业务自主体。这种范围经济的实现，进一步提升了交易价值。

某设计院则为这些团队构建了包括品牌、销售、制图、出版（前面这些业务环节也可通过团队组合提供）、业务流程标准、行政人力资源（后面这些环节主要由平台统一配置）等要素的单边平台。

以某设计院为平台企业、设计团队为业务自主体搭建的单边平台，形成了一个更大规模的整体，实现了更高层级的规模经济。

通过这么一番商业模式重构，该设计院人均利润达到近30万元。

降低交易成本耗散，则是要使切割是基于可拆分，且重组后的交易界面相对标准化。

所谓切割是基于可拆分，是指某些业务活动和资源在现有技术条件或者管理水平下是很难继续拆分的。例如,一个诉讼案件的处理过程,可能涉及多轮与委托人的交谈、与法务人员的沟通、上法庭辩论等,这些讨论过程虽然可以记录在案,但有很多细节非亲身经历无法了解(肢体语言、潜台词等),如果强行分为多个环节给不同团队负责,就有可能出现"前言不搭后语"的情况,效率极度下降,交易成本大大提升。

重组后的交易界面相对标准化,则是为了方便集权式的平台企业在面对分权式的、不同的业务自主体时,能够采取相对一致的交易流程,从而简化过程,提高效率。换言之,业务自主体内部可以是一个黑匣子,平台企业内部也可以是个黑匣子,但是由于两者之间要频繁交易、交流,要把他们之间的交易界面对接清晰,交易内容控制在有效几种,才能做到交易成本最小化。

不管是提高交易价值创造,还是降低交易价值耗散,都要强调是在现有技术条件或者管理水平下。

例如,利丰现在可以利用基于国际互联网的信息系统优化供应链的运作,使各环节更快速地获得和处理信息,对最新的市场变化做出实时反馈和配合,这无疑对利丰的单边平台构建提供了绝好的技术条件。而在以前,这是难以想象的。

又如,IBM 对客户档案的管理水平已经达到了卓越的地步。举个例子,当同个客户第二次跟 IBM 的团队(与第一次不同)讨论合作时,后者可以打开客户档案,开门见山地说:"在某年某月某日,贵方曾经与我司某个团队就双方合作讨论到哪个阶段,我们以那个阶段的讨论结果为起点,开始我们这次的商谈。"上文提到的诉讼案件,要是真的有这种非常卓越的管理水平（未来也许有可能），案件处理这个环节本身也有可能进一步切割。

除了交易价值和交易成本，与个体户或者松散的合作社相比，单边平台对业务自主体的控制力更强，更能降低交易风险，这无疑是单边平台的另外一个价值所在。

某养殖公司集合当地投资人建设猪舍，20 栋为一个建设单元，每位养殖农户负责两栋猪舍，一个建设单元包括 10 位农户。养猪分为配种、妊娠、分娩、保育、育成五个环节，每位农户只负责其中一个环节。公司按照农户的养殖成果扣除其物料消耗，核算农户应得养殖利润，有最低保底。例如，妊娠猪舍的养殖成果为转栏妊娠的种猪数量，保育猪舍的养殖成果为出栏仔猪重量相比进栏重量的净增加数量等。历史经营数据显示，养殖户的平均收益达到当地平均农户收益的 2 ~ 3 倍以上。很显然，该养殖公司采取的也是一种单边平台模式，其关键点有二：第一，作为平台的公司在资金、饲料、免疫、水电、猪舍内部装修、管理流程、会计核算等方面的集权管理有规模经济，切割、重组的交易价值创造超过交易成本耗散，值得构建；第二，更重要的一点是，与纯市场化的个体户合作，或者半市场化的合作社合作，单边平台的控制力更强了。在猪肉市场行情好时，个体户和合作社偏向于自行卖给市场；行情不好时，偏向于卖给企业。这意味着企业好年景没捞到好处，坏年景兜底，成了"冤大头"。而单边平台则可以有效控制这个问题。

因此，某些情况下，即使纯由切割、重组所带来的价值空间（交易价值减去交易成本）增值不大甚至出现增值为负，但为了控制规模膨胀后的交易风险，企业构建单边平台在综合效益上（综合考虑交易价值、交易成本和交易风险）有可能是合算的。

9.4 单边平台的定价、辨析与适用范围

首先是单边平台的定价，有两个关键点。

第一，让业务自主体的收益和产出挂钩。平台企业的收益本质上来源于对业务自主体的总产出切割一部分，但是，平台企业与业务自主体相互间又处于交易界面相对清楚、内部却是相对黑匣子的状态，监督管理难度较大，也不利于激励业务自主体。最好的办法就是让业务自主体的收益与产出挂钩。例如，上文中，保育猪舍养殖户的养殖成果为出栏仔猪重量相比进栏重量的净增加数量。

第二，让业务自主体的收益超过其机会成本。第一点容易让读者产生一个误解：平台企业要完全了解业务自主体的实际产出价值。其实不然。对平台企业而言，只需算个总账，确保单边平台的构建净收益严格为正即可。至于业务自主体，只要让他在方法正确、比较努力的情况下，能拿到比他不参与单边平台更高的收益（超出机会成本）就可以了。例如，上文中，养殖户的平均收益达到当地平均农户收益的 2～3 倍以上。因此，第一点当中，所谓的"和产出挂钩"，指的是可以测量到的、与产出有关的指标，而按照该指标计算出来的正常收益超过机会成本即可。

其次是对单边平台的辨析。

单边平台是一种关于业务结构的商业模式，与组织结构、治

理结构相比，其概念内涵和外延均完全不同。组织结构有 U 型（United Structure，管理层级集中控制结构）、H 型（Holding company Structure，控股公司结构）、M 型（Multidivisional Structure，事业部制）。治理结构可以简单分为所有权交易和市场交易，主要形式有直营、合作、加盟等。

他们之间的差异体现在同样是单边平台，根据企业实际情况可以选择 U 型、H 型和 M 型的组织结构，也可以随意选择直营、合作或者加盟，并没有一定要和哪一类（例如事业部制或者直营）搭配的问题。单边平台业务结构、组织结构和治理结构是三种不同的企业分析视角。

在这里，需要辨析单边平台与事业部制、连锁店。

事业部制一般是按照业务划分，或者是同类产品划到同个事业部，或者是同类客户划到同个事业部。假如单边平台采取事业部制，一个事业部里面，可以包括很多个业务自主体。当然，单边平台也可以采取集中控制或者控股公司结构。

传统连锁店一般是一个独立核算单位，有可能包括了销售、服务等业务活动环节。而单边平台的业务自主体一般功能比较简单，主要负责业务环节。传统的连锁店不属于纯粹的单边平台。但如果把连锁店的功能简化，例如像前文提到的家电专卖店，仅仅承担客户捕捉、销售执行的业务环节，则可以转化为纯粹单边平台下的业务自主体。显然，这种纯粹单边平台下的连锁店业务自主体可以采取直营、合资或者加盟中任何一种形式的治理结构。

需要强调的一点是，业务自主体是柔性的，其边界、规模大小等也是可以动态调整、组合的。不管是利丰对超过 5000 万美元的业务自主体要切割成两个，还是前文设计院对不同业务自主体实施互补性匹配资源能力，都充分证明了这一点。

最后，对单边平台的适用范围，上文的论述容易让我们形成这样一种印象：单边平台模式比较适合于知识密集型企业，如管理咨询公司、律师事务所、设计公司等和农业种植、养殖等存在天然规模天花板的小专业化组织。

其实不然，是否适合单边平台，只需考察其切割、重组的交易价值、交易成本、交易风险综合效益是否合算。

江苏省有一家电缆企业，同时生产铁路信号电缆、预分支电缆、耐火电缆、高压交联电缆、矿用电缆、其他特种电缆等高端细分市场，其内部采取的是单边平台商业模式。由于每个高端细分市场规模都较小，如果只针对一两个细分市场就很难达到规模经济和范围经济，要同时针对多个细分市场就要建构好内部交易结构，使每个细分市场的小规模经济边界和整体基础设施、客户等的大规模经济边界各得其所。因此，根据市场需求，某电缆企业都为每个高端细分市场建设一个独立的生产车间，成立一个分公司，按照每类产品规划，要求所建设的生产车间生产能力能够满足全国市场 60% 左右，如预分支电缆、耐火电缆、铁路信号电缆等都是如此。公司则变成平台企业，统一调配资金、原材料采购、产品研发、市场开拓等。由于计算好了每个生产业务自主体的规模经济边界，某电缆企业能够较为自如地增加产品类别，并根据市场的需要调整产能结果，柔性地应对高端细分市场的需求波动和快速变化，在多产品的规模经济性和灵活性之间达到一个较高水平的平衡，从而长期占据电缆行业高端细分市场的领先地位。

因此，只要技术条件具备、管理水平足够，单边平台模式可以应用于各行各业的任何环节（包括业务活动和资源等），不管是采购、财务、制造还是资金、管理标准等的单个还是组合，都能以其为中心业务单元构建单边平台，实现更高层次和数量级的规模经济。当然，由于技术条件和管理水平有差异，不同平台企业最终建立起的单边平台规模有可能有大有小，甚至有些企业根本不具备构建单边平台的资源禀赋。任何商业模式创新都有一定门槛，这种结果不足为奇。

9.5　单边平台设计步骤

设计单边平台，可以从以下五个步骤出发。

第一步，发现、创造和聚合价值空间。一个商业生态，包括业务活动和资源等多维度的利益相关者，每个利益相关者都有相应的价值空间。要发现和创造新的利益相关者，或者，把零散利益相关者的价值空间聚合起来。例如，上文某甲级设计院的成功就在于发现北、上、广，二、三线城市设计团队等同行这类新的利益相关者（在传统模式下，跟他们几乎没有交集，各自画地为牢），并且把他们各自的价值空间都成功地聚合起来。

第二步，任何一个活动都涉及资源的投入、活动的处理和产出，因此要对利益相关者的资源进行分解，业务活动进行分切，产出的产权进行分割。例如，设计院的业务活动可以切割为销售、方案设计、绘图设计、出版、服务等，资源可以切割为品牌、资金、人员、技术、协作制度等，产出的产权有些归属于业务自主体，有些归属于平台企业。

第三步，按照业务活动和资源的经济边界重新聚合成业务自主体和平台企业并设计好交易界面。这里面要注意到三个经济边界：单个业务自主体的规模经济边界（自主体可以是单一环节，也可以是包括多个环节的一体化。一体化下，环节之间组合存在范围经济，组合后的自主体整体存在规模经济），平台企业和业务自主体聚合的范围经济边界和平台企业的规模经济边界。基本的原则是规模经济边界较小、可复制性强的利益相关者应该成为业务自主体，而规模经济边界较大的利益相关者应该成为平台企业。同时，设计好业务自主体和平台企业之间的交易界面，使其交易过程可复制性强。

第四步，保护价值空间。单边平台要建立起足够的壁垒，平台企业至少需实现以下两点中的一点：第一，让业务自主体不愿意离开平台企业，操作方式为同样条件下，业务自主体获得比不参与单边平台时更高的收益，或者同等收益下投入的要素成本降低了。换言之，使业务自主体的综合效益超过其机会成本（均同时考虑投入和收益）。第二，持续提高平台企业的能力，通过设施基础、技术基础和管理基础的升级使更多环节的规模经济边界扩大，聚合到平台企业，与此同时，提升业务自主体内部团队的专业能力，弱化其综合能力，使单个业务自主体的整体专业化能力越来越强，可复制性也越来越强。从而，单边平台的整体能力不断提升，规模越做越大，竞争优势持续提升。

第五步，最大化平台企业的企业价值。在单边平台交易结构构型和业务自主体收益基本确定的情况下，平台企业的企业价值主要取决于其业务自主体的规模增长（有多少个业务自主体）和业务自主体有多少收益归属于平台企业。前者取决于扩张速度，后者取决于盈利模式。以连锁店（这里我们假设是纯业务环节的连锁店，属于纯粹的单边平台）为例，扩张速度是要解决在有限资源下如何更快速地开店，盈利模式则指平台企业与业务自主体的利益分配方式是加盟、直营还是合作（合资）。扩张速度和盈利模式的联动关系在于加盟的资源投入较少，可以快速开店，但平台企业（连锁总部）获得的收益较低；直营的资源投入较多，获得的收益也高，但开店速度受影响；合作店介于加盟、直营之间。为了达到扩张速度和盈利性的平衡，很多连锁企业选择在一线城市开旗舰店，树立品牌，并获得较好收益；在二、三线城市开加盟店、合作店，投入低，收益少，却能更好地卡位、扩张。当然，也可以选择逐步转化的方式，例如星巴克利用看涨期权：一开始是加盟店，假如市场和合资企业长势良好，净利润达到约定水平时，星巴克可以按约定的倍数（例如，8～10倍）回购部分合作方的股权，增持合作企业股权至 50% 以上，一步一步地把加盟店变成合作店甚至直营店。肯德基则采取反其道而行之的方式，先运营好直营店，如果有创业者想要加盟，肯德基一次性把店卖给创业者（前些年，某些城市是 800 万元一个店），把直营店变成加盟店。加盟店仍要缴纳各种加盟费用，虽然收益较直营有所下降，但其卖店获得的资金却能帮助肯德基进行新一次扩张。其他的方式还有很多，在这里不一一赘述。

基于交易结构的商业模式构成要素[○]

摘要：商业模式是利益相关者的交易结构，其构成要素也应基于交易结构。附录 A 梳理、回顾了主要学者在商业模式构成要素上的定义，发现很多构成要素属于交易结构的范畴，如交易主体、交易方式、交易定价或整个交易结构，但同时，很多学者把原本属于战略、营销、财务等学科的要素也归到商业模式。附录 A 认为，形成独立于其他社会科学学科的构成要素，是商业模式成为独立学科的基础；而只有聚焦于交易，围绕交易结构，才能有效定义商业模式的构成要素，为进一步研究、设计商业模式提供分析框架。附录 A 给出了以交易结构为核心的商业模式构成要素，并阐述商业模式是一个基于交易结构的效率乘数，同时解答了"交易内容不属于商业模式而属于战略"的关键问题，明确厘清了商业模式的概念外延。

关键词：商业模式　构成要素　交易结构　六要素模型

○ 本论文发表于《商业时代》（2014 年 10 月刊），作者为林桂平、魏炜、朱武祥，略有改动。

A.1　问题的提出

案例：

手机在人们生活中的作用越来越重要。不仅仅是发达地区，手机对于贫困地区的人们更是弥足珍贵。伦敦商学院一项研究声称，如果每 100 个人拥有的手机增加 10 部，一个国家的 GDP 将会上升 0.5 个百分点。作为一家电信运营商，该如何将手机卖到贫困地区？孟加拉国的实践颇有新意。

穆罕默德·尤努斯组建了一个名为"格莱珉银行"的小额贷款银行，专为穷人贷款，额度一般为 10～25 美元，呆坏账率很低，已成功经营 30 余年，被誉为"穷人银行家"，前几年他因此而获得诺贝尔和平奖。

尤努斯拥有一个格莱珉电话公司，相当于通信运营商，之后还成立了一个格莱珉电信公司，销售手机及话费。格莱珉银行给各个贫困地区的某几个乡村妇女贷款，使她们有资金开起小商店、买手机；同时，格莱珉电信从电话公司以 50% 折扣的价格批发购入网络使用费和通话费，再以全价提供给乡村妇女，供人们接打电话，有时还充当村里的话务员，并收取小额佣金。格兰珉电话有限公司为"电话女士"提供手机信号。格莱珉电信向"电话女士"提供手机使用的培训、监督等工作。以下是这种解决方式的交易结构示意图（见图 A-1）。

这种做法的成效十分显著，每年的"电话女士"的增加量非常高，2005 年孟加拉国的"电话女士"已经达到了 15 万人。这种做法有效地将分散的需求集中起来。如果一个"电话女士"为 100 个农民服务，那么相当于有 1500 万农民在享受这种手机服务。考虑到 2005 年，孟加拉国总人口仅为 1.3 亿，而"电话女士"的业务开展还不到 10 年，这无疑是个巨大的成就。

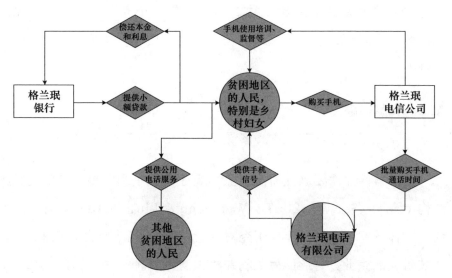

图 A-1　"电话女士"交易结构示意图

案例解析：

显而易见，这种创新的解决方式与传统的社会学科，如战略、营销、组织、财务等所设计出来的解决方式截然不同。这正是近年来越来越受到学术界关注的新兴学科——商业模式。随着商业模式创新的现象越来越多，建构一门全新学科以区别于现有学科，梳理、解释商业模式创新现象，找寻商业模式设计逻辑，提炼成设计工具，指导创新实践成为商业实践和理论研究对学术界的一致要求。而这一切，都有赖于对以下三个问题的回答。

第一，什么是商业模式？——商业模式定义（内涵）

第二，如何描述商业模式？——商业模式构成要素（外延）

第三，如何设计商业模式？——商业模式创新工具（实践应用）

魏炜、朱武祥、林桂平（2012）的论文，明确地把商业模式定义为"利益相关者的交易结构"，解决了第一个问题。附录 A 尝试解决第二个问题，明确定义商业模式的构成要素，厘清商业模式概念的外延。

A.2　文献回顾

与交易主体、交易方式、交易定价等相关的商业模式构成要素

每门学科都需要确立研究对象。商业模式是利益相关者的交易结构（魏炜、朱武祥，2007；Wei, Zhu & Lin, 2012；魏炜、朱武祥、林桂平，2012），其研究对象就是研究焦点企业（其商业模式被研究的企业）与形形色色利益相关者的各种交易，因此其构成至少包括三方面内容：交易主体（谁参与交易），交易方式（怎么交易）以及交易定价（如何收支）。由于商业模式是交易结构，其研究着眼于"结构"问题，因此交易内容（交易什么），我们认为属于战略问题而非商业模式问题。

很多学者对商业模式的构成要素归纳，都可以归类到这三方面内容。

交易主体

交易主体是指与谁交易，即利益相关者，一般包括外部的客户、供应商、渠道、合作伙伴、代工厂家、研发机构、金融机构，内部的独立部门，介于内部和外部的加盟商、直营店等。

交易主体即"利益相关者"，是指具备独立利益诉求、有相对独立的资源能力、与焦点企业存在交易关系的行为主体。

"按照传统定义，供应商、渠道、顾客等，是自然的利益相关者。但企业内部某些业务单元，例如研发、库存管理部门等，如果从企业中分离出来，也可以视为利益相关者。是否定义为利益相关者，最重要的衡量指标就是相对独立性。包括剥离出来作为一个独立企业，或者独立成为一个事业部。例如，阿里巴巴的网上支付就是一个独立的利益相关者，最终独立出来成为一个公司，即支付宝"（魏炜、朱武祥、林桂平，2012）。

Zott & Amit（2009）认为商业模式要关注两组因素：设计要素（design elements）和设计主题（design themes）。其中的设计要素就包括活动系统治理（activity system governance），是指该由哪些人和哪些部门管理活动系统。

此外，Gordijn，Akkermans & Vliet（2001，参与主体），Linder & Cantrell（2000，渠道模式），Dubosson-Torbay，Osterwalder & Pigneur（2002，伙伴基础与网络）也将交易主体纳入商业模式构成要素。

交易方式

交易方式是指企业与利益相关者怎么交易，例如租赁、授权、信息处理、提供产品还是服务、相互之间签订什么样的合约等。同样的交易内容（战略一致），如果交易方式发生改变（商业模式不同），企业价值可能会有巨大差别。

例如，同样是与车队交易轮胎，米其林改变以往一次性销售的交易方式为按照公里数付费、全面托管服务的交易方式。由于米其林有比运输车队更多年的、更丰富的轮胎服务经验，高超的检测技术、适当的胎压控制、全面的增值服务方案，可以让轮胎更高效、更长寿命地服役。这种交易方式的改变，不但为米其林带来了丰厚的回报，改善了其现金流，而且和客户建立起了更为紧密的联系。很多拥有跨国业务的运输公司在进入一个新的市场时，就把米其林作为其轮胎业务的首选合作伙伴。

很多学者均把"信息流结构"（Timmers，1998）、"生产模式""市场模式"（Petrovic，Kittl & Teksten，2001）、"客户界面"（与客户的交易方式，Hamel，2000）等与交易方式密切相关的因素列为商业模式的重要构成要素。

交易定价

交易定价指企业与利益相关者如何就价值进行分配，即企业的收入、成本结构。具体而言，包括以下几个内容：

定向。价值的流向如何表现，具体地，收入从哪些利益相关者获取，成本支付给哪些利益相关者，有哪些成本由其他利益相关者承担等。

定性。收支是按照时间计价、按照使用量计价还是按照价值计价（例如，EMC，能源管理合同）等。

定量。例如，同样是按照时间，是每天 100 元，还是包月 500元，就是同个定性里面的不同定量。

定时。同样一笔收入，是提前支付，还是分期付款，或者是分段支付等，支付的时间不同，企业的现金流结构将有差异，会直接影响企业价值。

不同学者对交易定价的表述存在差异，有的学者通盘考虑收支，如盈利模式（Johnson，Christensen & Kagemann，2008）、利润模式（Chesbrough & Rosenbloom，2002）；有的学者只关注收支的一方面，如收入模式（Linder & Cantrell，2000；Petrovic，Kittl & Teksten，2001）、收入来源（Timmers，1998）；还有的注意到定价模式（Linder & Cantrell，2000）。此外，还有学者关注收入是否具备可持续性，如 Brousseau & Penard（2006）认为与交易定价相关的有以下几个构成要素：成本来源、收入来源、可持续创收（Sustainable income generation）。值得指出的是，有些文献虽然提到了成本结构，但主要是从财务角度分析（Chesbrough & Rosenbloom，2002；Osterwalder，Pigneur & Tucci，2005）。

有些商业实践者把交易定价或盈利模式、盈利模式等与商业模式画等号，但我们认为，商业模式除了交易定价，还包括交易主体和交易方式。交易定价只是商业模式作为交易结构的一部分。对于这一点，很多学者也持类似观点（Johnson，Christensen & Kagemann，2008）。

有些学者虽然在商业模式中不考虑交易定价，认为收入模式和商业模式在概念上截然不同，但是在商业模式设计中，却将收入模式作为一个重要考虑因素，认为收入模式是商业模式设计的补充（Zott & Amit，2009）。

整个交易结构

有些学者也把商业模式视为整个结构，如 Zott & Amit（2009）

将商业模式看成一个活动系统，并将其分成三个要素：活动系统内容（企业应选取什么活动）、活动系统结构（这些活动应如何连接和排列）、活动系统治理（该由哪些人和哪些部门管理这些活动）。其中活动系统结构是基于整个交易结构而分析的构成要素。

综上所述，在商业模式构成要素上，很多学者认为，交易主体、交易方式和交易定价是商业模式的重要组成部分；这些学者在罗列商业模式构成要素时，都充分考虑到了交易主体、交易方式、交易定价在商业模式概念外延中的位置。

A.3　文献回顾

与战略、组织、营销、运营、财务等相关的构成要素

一门学科的独立性，除了有赖于独立的研究对象，还有赖于厘清与其他学科的关系。具体到商业模式学科，在概念内涵上，我们认为商业模式是研究"交易结构"的学科；而在概念外延上，需要把其他学科的构成要素排除在商业模式之外。

在梳理传统文献的过程中，我们发现，很多学者的商业模式构成要素中，实质包括了很多其他学科的因素。

战略

战略是实现长期目标的路径，战略定位主要是确立客户和产品。

很多学者的研究中关注目标顾客（Gordijn, Akkermans & Vliet, 2001；Bonaccorsi, Giannangeli, & Rossi, 2006；Osterwalder, Pigneur & Tucci, 2005）、顾客关系（Petrovic, Kittl & Teksten,

2001；Markides & Charitou，2004；Dubosson-Torbay，Osterwalder & Pigneur，2002）、目标市场（Chesbrough & Rosenbloom，2002）、产品和／或服务（Bonaccorsi，Giannangeli，& Rossi，2006；Horowitz，1996；Dubosson-Torbay，Osterwalder & Pigneur，2002；Timmers，1998）等与战略定位相关的构成要素。

有些学者还关注使命、法律因素、技术（Alt & Zimmermann，2001；Horowitz，1996）、价值链定位（Rappa，2001）、范围、差异化和战略性控制（Stewart & Zhao，2000）、持续性（Rappa，2001；Chesbrough & Rosenbloom，2002）、全球核心（Viscio & Pasternack，1996）与战略相关的因素。

组织

组织是指企业内部人、职位、权责之间的关系结构。

学者的商业模式构成要素中与组织有关的，主要有组织形式（Linder & Cantrell，2000）、组织特征（Horowitz，1996）等。

营销

营销是指了解、抓住或创造、实现客户需求的过程。

营销在某些学者的商业模式构成要素中有所涉及，主要表现为价值主张（Johnson，Christensen & Kagemann，2008；Chesbrough & Rosenbloom，2002；Linder & Cantrell，2000；Osterwalder，Pigneur & Tucci，2005）、概念（描述一个机会；Applegate，2001）、顾客价值（Papakiriakopoulos，Poulymenakou & Doukidis，2001）等。

运营

运营和企业经营过程密切相关，主要体现为计划、组织、实施、控制等流程。

学者对运营的关注体现为：过程（Alt & Zimmermann，2001）、关键流程（Johnson，Christensen & Kagemann，2008）、协调事项（Papakiriakopoulos，Poulymenakou & Doukidis，2001）、基础设施管理（Markides，1999）、公司管理（Donath，1999）、商业流程模式（Linder & Cantrell，2000）等。

财务

财务包括组织企业财务活动（投资、融资、营运资金）、处理财务关系等管理职能。

学者的商业模式构成要素涉及财务的有：财务生存模式（Osterwalder，2004）、财务（Markides，1999；Dubosson-Torbay，Osterwalder & Pigneur，2002）、成本结构（Chesbrough & Rosenbloom，2002；Osterwalder，Pigneur & Tucci，2005）等。

综上所述，在商业模式概念外延上，很多学者对构成要素的罗列涉及战略、组织、营销、运营、财务等其他学科，会引起商业模式与其他学科的混淆，不利于商业模式学科的独立性。

A.4　魏朱六要素模型

基于交易结构的商业模式构成要素

魏朱六要素模型（见图 A-2）提出，商业模式构成要素包括：业务系统、定位、盈利模式、关键资源能力、现金流结构和企业价值（魏炜、朱武祥，2007）。其中企业价值是商业模式的结果，其他五个要素紧紧围绕"利益相关者的交易结构"这个定义，一方面全面涉及交易主体、交易方式和交易定价，都紧紧围绕着"利益相关者的交易结构"这个概念内涵；另一方面并没有涉及战略、组织、营销、运营、财务等其他学科的要素，是个完整的、划一的商业模式外延体系。

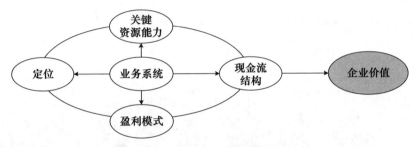

图 A-2　"魏朱六要素模型"示意图

（1）交易主体：业务系统角色。

（2）交易方式：定位、业务系统关系。

（3）交易定价：盈利模式、现金流结构。

（4）整个交易结构：业务系统构型、关键资源能力。

以下对魏朱六要素模型做一个详细的阐述。

业务系统强调整个交易结构的构型、角色和关系。定位强调满足利益相关者需求的方式，盈利模式强调与交易方的收支来源及收支方式，关键资源能力强调支撑交易结构的重要资源和能力，现金流结构强调在时间序列上现金流的比例关系（Wei，Zhu & Lin，2012）。

业务系统——企业选择哪些行为主体作为其内部或外部的利益相关者。

业务系统由构型、角色与关系三部分组成。构型指利益相关者
及其连接方式所形成的网络拓扑结构；角色指拥有资源能力即拥有
具体实力的利益相关者，是指利益相关者在从事相关活动中所承担
的角色；关系指利益相关者之间的治理关系，主要描述控制权和剩
余收益索取权等权利束在利益相关者之间如何配置。这三方面的不
同配置都会影响整个业务系统的价值增值能力。

图 A-3 是苹果公司的业务系统构型。

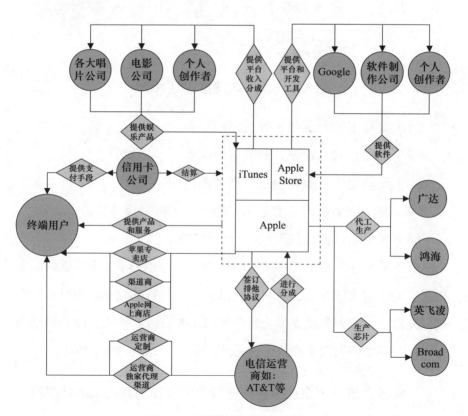

图 A-3　苹果公司业务系统构型

在交易角色上，苹果是硬件、软件和应用一体化平台，而它的利益相关者，有设备加工商（广达、鸿海等）、内容提供商（唱片公司、电影公司等）、服务提供商（信用卡公司、电信运营商等）等。

治理关系回答双方在交易中如何分割权利，包括纯市场交易、纯所有权交易和介于这两者之间的长期契约、参股、控股、企业联盟等。苹果与这些利益相关者主要进行的是市场交易。

定位——企业满足利益相关者需求的方式。

所谓利益相关者，实质是广义的客户，包括内部客户（员工），外部客户（供应商、消费者、服务提供商，直接客户、间接客户等），类内部客户（特许经营门店、外包服务、外协加工等）。

必须指出，在"定位"的定义中，关键词不是利益相关者，也不是需求，而是方式。例如，同样是满足消费者喝豆浆的需求，可以开连锁店卖豆浆（永和大王），可以卖豆浆机让消费者自己操作（九阳），可以开社区体验店现磨现卖，等等，这都是不同的满足方式，因此是商业模式定位的差异。

盈利模式——以利益相关者划分的收支来源以及相应的收支（或计价）方式。

盈利模式包括收支来源和计价方式。

同样一个产品，比方说文艺作品，收支来源有很多种：直接从观众身上赚取演出费、销售版权（卖给播出平台，如电视台、视频网站等)、植入广告收费、从演员身上收费(真人秀节目)、授权开发衍生品(迪士尼)等。

计价的方式也有很多,可以按时间收费、按价值收费、按消费资格收费等。例如,游戏有销售光碟(消费资格计价)、点卡(时间计价)、道具(价值计价)等盈利模式。

关键资源能力——支撑交易结构背后的重要资源和能力。

商业模式是利益相关者的交易结构,关键资源能力则是支撑交易结构背后的重要资源和能力,或者,要使交易结构成立,焦点企业需要具备的资源能力(这两个定义实质是等价的)。

不同的商业模式要求企业具备不同的关键资源能力,同类商业模式其业绩的差异主要源于关键资源能力水平的不同。同样是开餐馆,高档餐厅、连锁快餐和外卖店的关键资源能力肯定是不同的。高档餐厅以环境、菜品单价和质量等取胜;连锁快餐追求标准化和快速复制化;曾经的资本市场宠儿福记食品的送餐业务则以对中央厨房的管理和运营作为改进效率的重点。

这里需要强调两点:第一,关键资源能力是相对于商业模式而言的,因此不同行业的企业可能需要具备同样的资源能力组合,只要他们的商业模式相同;第二,概念中重点强调要使交易结构成立,企业"需要"具备的资源能力,因此是一个先验的判定而不是事后的判断。例如,在建立一个连锁零售企业之前,就可以断定它需要具备的资源能力,然后再去寻找具备这些资源能力的利益相关者,谋取合作,从而形成整个交易结构的配置。

现金流结构——以利益相关者划分的企业现金流入的结构和流出的结构以及相应的现金流的形态。

好的现金流结构，能够实现早期较少投入、后期持续的稳定较高回报。例如，中小板和香港上市公司金风科技不拥有零部件制造环节，而是采取发展和培养庞大的零部件供应商体系，减少了在零部件制造环节的大量资金投入，从而实现了轻资产的现金流结构，上市前连续七年销售额和利润增长均翻番，上市后很自然地成为资本市场明星。

现金流结构也可以设计。同个盈利模式可以对应不同的现金流结构。例如，同样是手机卡充值，可预存话费，可月结。前者首先使用的是用户的资金，运营商提前获得充沛的现金流以投入用户服务，后者则是先服务后收费，运营商需要先将自身的现金流投入运营服务。在客户初期投入较大的情况下，借助金融工具，或分期付款，或融资租赁，降低客户一次性购买门槛，无疑会吸引到更多客户；在客户每次投入不大又重复消费的情况下，预收款，同时配以高质量的服务，能够在保持甚至提高客户满意度的同时释放企业的现金流压力。

表 A-1 列出了典型文献中商业模式构成要素与基于交易结构的商业模式构成要素、其他学科要素的对应关系。

A.5　商业模式效率，兼释"交易内容不属于商业模式构成要素"

作为焦点企业（其商业模式被研究的企业）与其利益相关者的交易结构，一个好的商业模式总是能为焦点企业及其利益相关者创

表 A-1 典型文献中商业模式构成要素与基于交易

序号	论文	交易主体	交易方式	交易定价
1	Alt, Zimmermann, 2001.			收入
2	Applegate, 2001.			
3	Bonaccorsi, Giannangeli, Rossi, 2006.			收入
4	Brousseau, Penard, 2006.		产品和服务的生产和交易	成本来源、收入来源、可持续创收
5	Chesbrough, Rosenbloom, 2002.			利润模式
6	Donath, 1999.			
7	Dubosson-Torbay, Osterwalder, Pigneur, 2002.			
8	Gordijn, Akkermans, Vliet, 2001.	参与主体	价值端口、价值界面、价值交换	
9	Hamel, 2000.		客户界面	
10	Horowitz, 1996.		分销	价格
11	Johnson, Christensen, Kagemann, 2008.			盈利模式
12	Linder, Cantrell, 2000.	渠道模式	基于互联网的商业关系	定价模式、收入模式
13	Mahadevan, 2000.		物流	收入流
14	Markides, 1999.			
15	Osterwalder, Pigneur, Tucci, 2005.	合作伙伴		收入来源
16	Papakiriakopoulos, Poulymenakou, Doukidis, 2001.		整合竞争	
17	Petrovic, Kittl, Teksten, 2001.		生产模式、市场模式	价值模式、收入模式
18	Rappa, 2001.			收入流
19	Stewart, Zhao, 2000.			
20	Timmers, 1998.	参与主体利益	信息流结构	收入来源
21	Viscio, Pasternack, 1996.	业务单位	连接	
22	Wei, Zhu, Lin, 2012.	业务系统角色	定位、业务系统关系	盈利模式、现金流结构
23	Weill, Vitale, 2001.			
24	Zott, Amit, 2009.	活动系统治理、活动系统内容		

注：由于不同学者对同个概念的定义不一样，因此，归纳到哪一栏取决于具体的概念定义而不看字面上的意思。

结构的商业模式构成要素、其他学科要素对应关系

整个交易结构	战略	组织	营销	运营	财务
结构	使命、法律因素、技术			过程	
	概念（描述一个机会）；能力（描述能将机会实现的资源集合）				价值
	产品或服务；客户				成本结构
内部价值链结构、价值网络	目标市场、竞争战略		价值主张		成本结构
内部网络化能力、外部网络化能力	顾客理解、市场战术			公司管理	
伙伴基础与网络	产品		顾客关系		财务
价值创造	价值目标、目标顾客				
价值网络	战略资源、核心战略				
	产品、技术	组织特征			
	客户价值主张、关键资源			关键流程	
		组织形式	价值主张	商业流程模式	
价值流					
	产品创新、顾客关系			基础设施管理	财务
	价值主张、客户细分、核心资源		渠道通路、客户关系	关键活动	成本结构
	核心能力		顾客价值	协调事项	
资源模式	顾客关系模式				资产模式
	价值链定位、可持续性				成本结构
价值获取	客户选择、差异化和战略性控制、范围				利润流
	产品 / 服务结构				
	全球核心			管制、服务	
业务系统构型、关键资源能力					
	基础设施、核心能力、关键成功因素				
活动系统结构					

造最大的价值，换言之，实现焦点企业剩余与利益相关者剩余之和的最大化（魏炜、朱武祥、林桂平，2012）。

正如图 A-4 所示，商业模式创造了交易价值，并付出交易成本，两者之间的差为交易结构的价值空间；除了交易成本，焦点企业和利益相关者都需要付出货币成本，比如内部管理费用、原材料采购成本等，价值空间减去货币成本就是商业模式为所有利益相关者所实现的价值增值，其组成为焦点企业剩余加上利益相关者剩余。

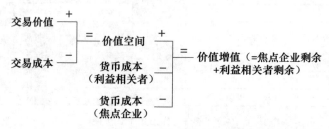

图 A-4   价值增值的推导示意图

价值空间反映了一个商业模式的价值大小。好的商业模式要实现同样交易价值下的价值空间最大化。不同的商业模式存在效率差异，可以用以下公式来评价：

$$商业模式效率 = \frac{交易价值 - 交易成本}{交易价值} = \frac{价值空间}{交易价值}$$

同样的商业模式对不同产品、客户等有一个同等比例的放大作用，其乘数因子就是商业模式效率。例如，同样是连锁加盟模式，应用于珠宝销售、家电销售还是水果销售，其商业模式效率（= 价值空间／交易价值）是类似的。因此，可以用商业模式效率来区分不同类型的商业模式。

对不同的市场（包括客户和产品）而言，同样的商业模式由于效率等同，具有相似的放大作用（或者乘数作用），企业应尝试把该商业模式应用在能产生更大企业价值的产品和市场。例如，一个创新的农业技术，如果配合某一创新的商业模式，能够把农作物的产量提高 40%。每亩大田作物（如水稻）的产值以几百元或上千元为数量级，而每亩经济作物（如瓜果蔬菜）或林业作物（如红木）的产值动辄以万元甚至十万元为数量级。此时，把该商业模式应用在经济作物或者林业作物上，所产生的企业价值将远远大于应用在大田作物的效果。

对同一市场（包括客户和产品）而言，不同的商业模式则具备差异化的效率，放大作用（或者乘数作用）并不同，此时，应选择效率更高的商业模式。例如，同样是小饰品，摆地摊、哎呀呀连锁经营、淘宝网店就是三种不同的商业模式，对小饰品价值的放大作用不同，最终能达成的企业价值也不同。

因此，商业模式是基于交易结构的效率乘数，不同的商业模式代表了不同的乘数效应或者不同的能量级。

不同市场（战略定位）的差异，可以用交易价值表示；不同商业模式的差异，可以用商业模式效率表示。因此，战略和商业模式结合的价值可以用下式表示：

$$战略和商业模式结合价值 = 交易价值 \times 商业模式效率$$

$$= 交易价值 \times \frac{价值空间}{交易价值} = 价值空间$$

对不同的企业而言，其所具备和所能调动的资源能力是有限的，因此，所能涉足的市场（包括客户和产品）和商业模式将是一个有限可选集，从中找到市场空间最高、商业模式乘数作用最大的组合，实现价值空间最大化，将是最优的选择。

因此，交易内容（交易什么）是属于战略定位问题，不属于商业模式即交易结构问题。将交易内容排除在商业模式构成要素之外，能更好地阐明商业模式的学科独立性。这也是附录 A 认为商业模式构成要素只包括交易主体、交易方式、交易定价等三方面而不包括交易内容的原因。

A.6 结论和研究展望

魏炜、朱武祥、林桂平（2012）将商业模式定义为利益相关者的交易结构，明确地将"交易结构"定义为商业模式学科的研究对象，划清了商业模式与战略、组织、营销、运营、财务等学科的界限，为商业模式学科的独立性打下了基础。

附录 A 基于交易结构这个概念内涵，将商业模式外延归纳为交易主体、交易方式和交易定价等三大方面，并按照这个逻辑梳理回顾文献，发现很多学者的构成要素都可以归纳到这三方面；与此同时，很多学者的构成要素也列入了战略、组织、营销、运营、财务等其他学科的因素。我们认为，列入其他学科的要素会影响商业模式的学科独立性，因此将其剔除是必要的。

接着，附录 A 介绍了基于交易结构的商业模式构成要素——魏朱六要素模型，证明其主要构成要素均围绕着交易结构，回答了交易主体、交易方式、交易定价等核心外延问题，同时不包括战略、组织、营销、运营、财务等其他学科的要素。

最后，附录 A 完整地阐述了商业模式是一个基于交易结构的效率乘数，也因此回答了"交易内容不属于商业模式构成要素"而属于战略定位的问题，厘清了商业模式与战略的学科界限，并进一步巩固了商业模式的学科独立性。

未来的研究可以基于商业模式构成要素，做以下几方面的探索。

（1）基于构成要素，做商业模式分类。

（2）验证各个要素之间是否存在一定的一致性。

（3）商业模式构成要素与企业业绩之间的关系。

[1] ALT R, ZIMMERMAN H D. Introduction to special section on business models[J]. Electron mark, 2001, 11(1): 3-9.

[2] APPLEGATE L M. E-Business Models: Making sense of the internet business landscape [M]. Information Technology and the Future Enterprise: New Models for Managers, edited by Gary W Dickson and Gerardine De Sanctis. New York: Prentice-Hall, 2001: 49-94.

[3] BONACCORSI, GIANNANGELI, ROSSI. Enty strategies under competing standards: hybrid business models in the open source software industry[J]. Management science, 2006, 52(7): 1085-1098.

[4] BROUSSEAU E, PENARD T. The economics of digital business models: a framework for analyzing the economics of platforms[J]. Review of network economics, 2006, 6(2): 81-110.

[5] CHESBROUGH H W, ROSENBLOOM R S. The role of the business model in capturing value from innovation: evidence from Xerox Corporation's technology spinoff companies[J]. Industrial and corporate change, 2002, 11: 533-534.

[6] DONATH R. Taming E-business Models[M]. State College: Institute for the Study of Business Markets, 1999: 1-24.

[7] DUBOSSON-TORBAY M, OSTERWALDER A, PIGNEUR Y. E-business model design, classification, and measurements[J]. Thunderbird international business review, 2002, 44(1): 5-23.

[8] GORDIJN J, J Akkermans, J VAN VLIET. Designing and evaluating e-business models[J]. Intelligent systems IEEE, 2001, 16 (4): 11-17.

[9] HAMEL G. Leading the Revolution[M]. Boston: Harvard Business School Press, 2000.

[10] HOROWITZ A S. The real value of VARS: resellers lead a movement to a new service and support[J]. Mark comput, 1996, 16(4): 31-36.

[11] JOHNSON M W, CHRISTENSEN C C, KAGERMANN H. Reinventing your business model[J]. Harvard business review, 2008, 86(12): 50-59.

[12] LINDER J, CANTRELL S. Changing business models: surveying the landscape[J]. Accenture institute for strategic change, 2000.

[13] MAHADEVAN B. Business models for internet-based e-commerce: an anatomy[J]. California management review, 2000, 42(4): 55-69.

[14] MARKIDES C, RODRIGUES P. A dynamic view of strategy: a theoretical approach[J]. Sloan manage review, 1999, 40(3): 55-63.

[15] MARKIDES C, CHARITOU C D. Competing with dual business models: a contingency approach[J]. Academy of management executive, 2004, 18: 22-36.

[16] OSTERWALDER A. The business model ontology-a proposition in a design science approach[J]. Universitéde lausanne, 2004.

[17] OSTERWALDER A, PIGNEUR Y, TUCCI C L. Clarifying business models: origins, present, and future of the concept[J]. Communications of the information systems, 2005, 15(5): 1-25.

[18] PAPAKIRIAKOPOULOS D A, POULYMENAKOU A K, DOUKIDIS G J. Building e-business models: an analytical framework and development guidelines[R]. Bled: 14th Bled Electronic Commerce Conference, 2001.

[19] PETROVIC O, KITTL C, TEKSTEN R D. Developing business models for e-business[R]. Vienna: International Conference on Electronic Commerce, 2001.

[20] Rappa M. Business models on the web: managing the digital enterprise[J/OL]. (2010-01-17)[2023-11-28]. http://org/models/models.html.

[21] STEWART D W, ZHAO Q. Internet marketing, business models, and public policy[J]. Public policy mark, 2000, 19(Fall): 287-296.

[22] TIMMERS P. Business models for electronic markets[J]. Electronic markets. 1998, 8(2): 3-8.

[23]　VISCIO A J, PASTERNACK B A. Toward a new business model[J]. Strategy business, 1996, 2(1): 125-134.

[24]　WEI W, ZHU W, LIN G. Approaching business models from an economic perspective[M]. Berlin and Heidelberg: Springer-Verlag, 2012.

[25]　WEILL P, VITALE M R. Place to space: migrating to e-business models[M]. Boston: Harvard Business School Press, 2001.

[26]　ZOTT C, AMIT R. Business model design: an activity system perspective[J]. Long range planning, 2009.

[27]　魏炜，朱武祥. 商业模式这样构建 [J]. 深圳特区科技，2007（3）.

[28]　魏炜，朱武祥，林桂平. 基于利益相关者交易结构的商业模式理论 [J]. 管理世界，2012（12）.

ISBN：978-7-111-74722-2

ISBN：978-7-111-74715-4

ISBN：978-7-111-74693-5

ISBN：978-7-111-74692-8

ISBN：978-7-111-74909-7

ISBN：978-7-111-74677-5